财政部规划教材
全国高等院校财经类教材

投入产出分析的基础理论与实操

戴艳娟　李　洁　编著

中国财经出版传媒集团
中国财政经济出版社
北京

图书在版编目（CIP）数据

投入产出分析的基础理论与实操／戴艳娟，李洁编著．--北京：中国财政经济出版社，2024.5
财政部规划教材　全国高等院校财经类教材
ISBN 978－7－5223－2976－5

Ⅰ.①投…　Ⅱ.①戴…②李…　Ⅲ.①投入产出分析－高等学校－教材　Ⅳ.①F223

中国国家版本馆CIP数据核字（2024）第059298号

责任编辑：王佳欣　　责任校对：胡永立
封面设计：卜建辰

投入产出分析的基础理论与实操
TOURU CHANCHU FENXI DE JICHU LILUN YU SHICAO

中国财政经济出版社 出版
URL：http：//www.cfeph.cn
E－mail：cfeph@cfeph.cn

社址：北京市海淀区阜成路甲28号　邮政编码：100142
营销中心电话：010－88191522
天猫网店：中国财政经济出版社旗舰店
网址：https：//zgczjjcbs.tmall.com
北京富生印刷厂印刷　各地新华书店经销
成品尺寸：185mm×260mm　16开　11.5印张　258 000字
2024年5月第1版　2024年5月北京第1次印刷
定价：35.00元
ISBN 978－7－5223－2976－5
（图书出现印装问题，本社负责调换，电话：010－88190548）
本社图书质量投诉电话：010－88190744
打击盗版举报热线：010－88191661　QQ：2242791300

编写说明

投入产出分析是以产业为生产单位，从生产技术的视角对国民经济或者区域经济的循环结构进行数量分析的理论体系。作为投入产出分析的基础数据的投入产出表，各国政府、各研究机构和国际组织都在积极编制，为投入产出分析的进一步发展提供了数据基础。目前投入产出分析不仅在国民经济核算领域有着重要地位，而且对于产业结构、经济循环、能源环境以及产业链分工等领域的研究，也有着越来越重要的作用。

计算机技术的发展和计算能力的提高，对投入产出分析的快速推广起到重要作用，投入产出的应用也越来越广泛。但目前关于投入产出分析的教材及参考书较少，而且大多数书籍着重于理论讲述，存在实际应用分析较薄弱的问题。为了普及投入产出分析的应用，本书不仅对基础理论进行详细介绍，而且对投入产出分析的基础操作进行细致讲解，尽可能做到将投入产出分析简单化，成为无任何专业背景也可能掌握的一门分析工具。

本教材分为三部分，上篇包括，第一章到第五章介绍基础理论。第一章对投入产出表进行说明；第二章是对投入产出分析在国民经济核算中的应用进行讲解；第三章和第四章是对投入产出的基础理论和模型的说明，将复杂的投入产出模型尽可能地用简单的数值例进行讲解。第一章到第四章主要是依据李洁教授提供的思路和内容，由戴艳娟教授负责加工补充而成。第五章是关于投入产出分析在产业结构方面的应用，介绍了在产业结构分析方面的独有方法和模型。中篇是介绍区域投入产出分析，包括第六章和第七章。第六章介绍区域投入产出的基本模型，第七章对当前投入产出分析流行的嵌套投入产出表的编制方法进行说明。下篇是实操部分，包括第八章和第九章，详细说明和讲解投入产出模型如何利用 Excel 和 VBA 程序进行计算。绪论及第五章到第九章是由戴艳娟教授负责编写完成。

本教材的作者戴艳娟和李洁教授（日本埼玉大学）长期从事投入产出分析的研究工作，有几十年的研究经验和教学经验，是作者多年来研究教学的经验和积累的成果。第一～四章由戴艳娟教授和李洁教授共同编写，第五～九章由戴艳娟教授编写，全书由戴艳娟教授进行统稿和文字润色工作。此教材的特点是简单明了，主要体现在以下方面：

（1）对模型进行详细说明，尽可能将模型的推导过程一步一步清晰展现。

（2）采用不同的形式表示模型。通过利用图表、矩阵、公式等多种形式表示相同模型，使读者熟悉投入产出模型的不同表达形式。

（3）利用简单数值说明模型。为了让读者更清晰了解推导过程，对于最基本的模型都给予简单的数值例进行说明，读者可以通过简单数值进行计算后，验证模型，加深对模型的理解。

（4）附有实操过程。在下篇的实操部分通过图示的形式展示了模型的运算过程，读者可以根据图示，一步一步进行实操演练，掌握投入产出分析的基本技能。

本教材得到国家自然科学基金委员会面上项目（72373016）：“‘双循环’背景下经济—就业—减排的协调机制及优化控制路径”研究项目的支持，也感谢数字经济学专业系列教材编写委员会主任王俊教授给予的大力支持。

戴艳娟 李洁

2024 年 5 月

目录
Contents

中篇　区域投入产出分析

下篇　基于 Excel、VBA 的投入产出实证分析

绪　论

投入产出分析是以产业为生产单位，从生产技术的视角对国民经济或者区域经济的循环结构进行数量分析的理论体系，是基于投入产出表的数据所进行的一种数量分析方法。作为投入产出分析的基础数据的投入产出表是一张棋盘形式的统计表，反映了各种产品及服务在一定时期内（通常是1年），生产于哪些部门，同时被销往哪些部门，非常直观地反映了国民经济的整体结构。投入产出表通常用于经济波及效应的分析，同时为各种经济指标的修订提供了基础的数据资料。① 从以上对投入产出表的解释，可以知道，投入产出表大致有两种作用：一种是为国民经济核算提供基础资料；另一种是作为理论研究，即通过建立各种模型进行各种有效的数量分析。作为统计方面的研究，需要收集大量的统计数据并进行分类，即编制、改进及扩充投入产出表，用来说明各产业活动的水平及规模。理论研究是基于投入产出表，通过产业间相互依存关系对国民经济整体运行进行说明、预测及计划论证等。

一、列昂惕夫和投入产出分析

经济学家华里西·列昂惕夫（Wassily Leontief：1906—1999年）于20世纪30年代创立了投入产出分析，也因此获得1973年诺贝尔经济学奖。列昂惕夫出生于俄罗斯的列宁格勒（现圣彼得堡），19岁获得列宁格勒大学的经济学士学位，22岁获得柏林大学的博士学位，曾任中国南京铁路局的经济顾问、美国经济研究局（NBER）的研究员。1931年开始以分析美国经济为目的，编制了美国投入产出表，并于1936年在*Review of Economic Statistics*

① 资料来源：日本总务省网站。

的期刊上首次发表，在1941年的著作中又发表了其编制的1919年、1929年和1939年的美国投入产出表。[①]

第二次世界大战结束时，许多人认为美国经济会由于战争结束，导致钢铁及各种战争资料需求的减少而陷入衰退，而列昂惕夫根据其编制的美国投入产出表进行了经济预测，提出了不同的看法，他认为美国对钢铁的需求不但不会减少，反而要增加，预计1947年需要9800万吨钢铁。并指出经济不会因为战争结束而衰退，而且会进一步发展。事实上，美国1947年生产了9650万吨钢铁，基本上满足当时的需求。由于列昂惕夫根据投入产出表进行的预测结果与现实高度吻合，投入产出表的实用性和重要性被认可，并在世界各国广泛传播。列昂惕夫之后在著作 *Military Spending: Facts and Figures, Worldwide Implications and Future Outlook* 当中利用投入产出经济学说明军事支出不仅不能促进经济发展，而且会妨碍经济发展的观点。可以说列昂惕夫的研究在保持世界的和平方面作出了很大贡献。由于投入产出分析进行经济预测具有高度精确性和实用性的特点，因此无论是发达国家还是发展中国家，很多国家开始编制投入产出表，并开始各种形式的应用研究。现在所知已有100个以上的国家编制了本国的投入产出表。作为学者的个人研究成果的投入产出表被各国政府接纳并成为官方统计的一环，也是绝无仅有的成就，1973年列昂惕夫被授予诺贝尔经济学奖。1973年瑞典皇家科学院的公告中写道："列昂惕夫教授是投入产出技术独一的和没有挑战的创始人。投入产出分析为研究社会生产各部门之间的相互依赖关系，特别是为系统地分析经济内部各产业之间错综复杂的交易提供了一种实用的经济分析方法。"[②]

如今世界上的许多机构及组织编制了世界投入产出表。例如，WIOD网站[③]上2013年发布了1995—2011年40个国家和地区的投入产出表，2016年发布了2000—2014年包括43个国家和地区的世界投入产出表。OECD公布了包括中国在内的64个国家及地区的投产出表[④]。另外，亚洲发展银行编制了亚洲地区的投入产出表，日本的对外贸易促进会IDE－JETRO编制并发布了亚洲地区的投入产出表[⑤]，以及KGM & Associates以环境分析为目的编制的190个国家和地区的26部门投入产出表[⑥]等。由于投入产出表的不断丰富，投入产出分析也有了迅速的发展，由最初的经济波及效应的分析，到后来的

① Leontief, W. The structure of American economy, 1919－1939, Oxford Univ. Press, 1941/1951.

② 资料来源：王宏昌．诺贝尔经济学奖金获得者演讲集（上）[M]．北京：中国社会科学出版社，1997.

③ 资料来源：http：//wiod. org/home

④ 资料来源：https：//stats. oecd. org，查找 Industry and Services 的 Structural Analysis（STAN）Databases。发布的投入产出表为1995—2011年系列和2005—2015年系列。

⑤ 资料来源：https：//www. ide. go. jp/English/Data/Io

⑥ 资料来源：https：//www. worldmrio. com

产业结构、进出口、投资、人口、劳动、环境经济、产业链分工等领域都有着广泛的应用。

二、投入产出分析的理论基础

投入产出分析的理论渊源，通常被认为是源于魁奈的《经济表》、马克思的再生产理论和瓦尔拉斯的一般均衡理论。

（一）魁奈的《经济表》和投入产出理论

投入产出分析的理论渊源可以追溯到重农学派的代表人物魁奈（F. Quesnay：1694—1744 年）的代表作《经济表》。魁奈的《经济表》分为原表和简表，原表于 1758 年发表，名为《经济表及其说明》。由于原表过于晦涩，难以推广，魁奈于 1766 年对原表进行简化后发表，题为《经济表之分析》，又称为"经济表范示"。此书中，魁奈将国民经济中的各种关系用简明的图表进行说明，利用图示的方式描绘了社会总资本的再生产过程，在经济史上是一个创举。

魁奈认为土地是提供财富的唯一源泉，只有农业劳动才能增加财富，并将社会成员划分为生产阶级、土地所有阶级和不生产阶级的三个不同阶级，分析了社会总产品如何通过货币流通在社会各阶级之间分配、如何进行再生产。

魁奈对社会经济总量进行考察时，将社会生产分为农业和工业，并进一步区分了农业和工业中的生产资料和消费资料，将社会各阶级的收入起源、资本及收入之间的交换及生产消费和个人消费等之间的关系放入社会再生产过程进行分析。魁奈的《经济表》对国民经济中的产业之间的关联进行了分析，可以说是现代产业关联分析的雏形。

投入产出分析模型采用了《经济表》的表现形式，用矩阵的形式记录了一个国家在一定时期内国民经济各部门中产品及服务的生产和交换，因此，可以说投入产出分析是以魁奈的《经济表》为基础建立的。

（二）马克思的再生产理论和投入产出理论

马克思的社会再生产理论是关于社会生产各部门的相互关系和社会再生产怎样才能顺利进行的理论。马克思在分析社会再生产时，将社会总产品从实物形态上分为生产资料和消费资料，从价值形态上把这两大部类分为不变资本（转移价值）c、可变资本（劳动力价值）v 和剩余价值 m 三个部分。马克思经济学的社会总产品价值形式的等式 $w(i)=c(i)+v(i)+m(i)$ 的展开对社会再生产过程中有关比例关系的论述被认为是列昂惕夫的投入产出理论的渊源之一。

马克思的再生产理论揭示了社会生产是按照一定比例协调发展的规律，认为社会总产品在实现过程中，生产资料和消费资料的两大部类相互依赖、互为条件，两者按照一定比例平衡发展，社会再生产才能顺利进行。

（三）一般均衡理论和投入产出理论

投入产出理论的第三个渊源是法国经济学家里昂·瓦尔拉斯（Leon Walras：1834—1910 年）的“一般均衡理论”。在研究经济相互关系的各种抽象理论中，瓦尔拉斯的一般均衡理论被认为是有着最全面分析体系的理论。但是，一般均衡理论在追求抽象理论的严密性的同时，存在难以应用于现实经济的问题。而列昂惕夫创立的投入产出分析体系将经济现象的相互依存关系通过联立方程的形式，利用实际的统计数据实现了瓦尔拉斯的一般均衡理论的应用问题。

列昂惕夫的一般均衡模型不同于瓦尔拉斯的一般均衡理论的第一个特征，就是将生产要素间可以进行相互替代的生产函数变为不能进行替代的固定系数的生产函数，由更加简单的线性一次方程的联立方程表示，另外，这些联立方程的参数由单一年份的观察值决定。根据这样的假定，投入产出模型舍去了瓦尔拉斯的一般均衡模型中的价格，也就是牺牲了使各经济体采取最优行为的核心——价格。也正因为如此假设，一般均衡理论得以实现现实经济的数量分析。投入产出分析继承了瓦尔拉斯的各产业间存在相互依存关系的思想，构建了体现经济循环的投入产出表，将经济中的相互依存关系，通过具体的统计数据来表现，并基于投入产出表，用数学方程的形式表达了瓦尔拉斯的一般均衡理论，解决了一般均衡理论的实际应用问题。例如，当各产业的消费、投资、出口等最终需求发生变化时，可以通过列昂惕夫的一般均衡模型实现对生产、雇佣、资本及进口等产生波及效应的分析。另外，也可以根据此模型推算出工资上升或者各产业产品价格的变化产生的波及效应。

上篇

投入产出分析的基础理论

第一章　投入产出表的基本形式

投入产出分析是应用经济学领域中的一个分支，从投入产出表的编制开始，建立分析模型以及实证应用，是具备多个维度的理论。投入产出分析中，投入产出表、投入系数表和完全消耗系数表是投入产出分析的基础和基本工具，其中投入产出表是基础，表示了经济的“形式”，投入系数表和完全消耗系数表是在投入产出表的基础上推算出来的，解释了经济的“运行”。

第一节

封闭经济下投入产出表

众所周知，社会生产各部门之间存在相互依存关系，某一个产业的生产活动将直接或间接影响其他产业。投入产出表就是利用表格的形式直观反映出产业之间的相互需求及生产出的产品如何在各产业之间进行分配的关系，为系统分析经济内部各产业之间错综复杂的交易提供了行之有效的分析方法。

一、数值表示的封闭经济的投入产出表

表 1 - 1 是数值表示的封闭经济的投入产出表，反映了产业部门之间、产业部门与消费及投资等最终需求部门间的关系。

表1－1　　封闭经济的投入产出表（数值表示）

投入 ＼ 产出		中间需求		最终需求	总产出
		A产业	B产业		
中间投入	A产业	10	40	50	100
	B产业	30	80	90	200
增加值		60	80		
总投入		100	200		

（一）投入产出表的横向均衡

投入产出表的横向表现了各产业的产品及服务由哪些部门购买（使用）了，反映了各产业产出的分配结构。表1－1的A产业生产的产品销售给自产业（A产业）10单位，销售给B产业40单位，一共50单位原材料销售给中间需求部门，另外，A产业的产品也销售给家庭、政府及企业，一共50单位作为最终产品销售给最终需求部门，那么对于A产业，横向均衡关系可以表示为：

中间需求（50）+最终需求（50）=总产出（100）

（二）投入产出表的纵向均衡

投入产出表的纵向表现了各产业生产过程中由哪些部门提供了生产要素（投入），反映了产品的成本结构。A产业生产时，需要自产业（A产业）投入10单位，B产业投入30单位，一共投入40单位的原材料（中间投入），投入了60单位的劳动及资本等（增加值），总投入为100单位，对于A产业，纵向均衡关系可以表示为：

中间投入（40）+增加值（60）=总投入（100）

投入产出表的横向反映了产出的分配结构，纵向反映了生产要素的投入结构，因此被称作“投入产出表（Input－Output Tables，I－O表）”。投入产出表清晰地反映了产业产品的去向和生产所需要的投入状况，可以称作经济的解剖学，通过投入产出表中的数据可以了解一国整体的经济状况。

二、封闭经济下的一般形式投入产出表模型

（一）一般形式投入产出表

表1－2所示为通过字母符号，将具体数值转换为一般形式的均衡产出模型。

表 1－2　　**封闭经济的投入产出表模型（字母符号表示）**

	投入 \ 产出		中间需求（内生部门）					最终需求（外生部门）	总产出（外生部门）
			部门 1	…	部门 *j*	…	部门 *n*		
内生部门	中间投入	部门 1	x_{11}	…	x_{1j}	…	x_{1n}	F_1	X_1
		⋮	⋮		⋮		⋮	⋮	⋮
		部门 *i*	x_{i1}	…	x_{ij}	…	X_{in}	F_i	X_i
		⋮	⋮		⋮		⋮	⋮	⋮
		部门 *n*	x_{n1}	…	x_{nj}	…	x_{nn}	F_n	X_n
外生部门	增加值		V_1	…	V_j	…	V_n		
	总产出		X_1	…	X_j	…	X_n		

注：X 为各产业的总产出，F 为最终需求总额，V 为增加值，x 为产业间的中间交易。下标的 i 表示行方向部门，j 表示列方向部门，因此，X_i 是行方向的第 i 产业的总产出，X_j 是列方向第 j 产业的总产出。

（二）横向均衡关系

投入产出表的横向表示各产业的需求结构（见表 1－2），各产业符合“**中间需求（消费）＋最终需求（消费）＝总产出**”的供需平衡关系。

横向均衡关系可以用联立公式 1－1 表示：

$$\begin{cases} x_{11} + \cdots + x_{1j} + \cdots + x_{1n} + F_1 = X_1 \\ \vdots \qquad \vdots \qquad \vdots \qquad \vdots \qquad \vdots \\ x_{i1} + \cdots + x_{ij} + \cdots + x_{in} + F_i = X_i \\ \vdots \qquad \vdots \qquad \vdots \qquad \vdots \qquad \vdots \\ x_{n1} + \cdots + x_{nj} + \cdots + x_{nn} + F_n = X_n \end{cases} \qquad \text{式 } 1-1$$

（三）纵向均衡关系

投入产出表的纵向表示产业的成本结构（见表 1－2），各产业符合“**中间投入＋增加值＝总产出**”的平衡关系。

纵向均衡关系可以用联立公式 1－2 表示：

$$\begin{cases} x_{11} + \cdots + x_{i1} + \cdots + x_{n1} + V_1 = X_1 \\ \vdots \qquad \vdots \qquad \vdots \qquad \vdots \qquad \vdots \\ x_{1j} + \cdots + x_{ij} + \cdots + x_{nj} + V_j = X_j \\ \vdots \qquad \vdots \qquad \vdots \qquad \vdots \qquad \vdots \\ x_{1n} + \cdots + x_{in} + \cdots + x_{nn} + V_n = X_n \end{cases} \qquad \text{式 } 1-2$$

第二节

开放经济下的投入产出表

现实中的经济通常不仅包括国内生产部门，还包含进口和出口。作为需求方，最终需求除了消费、投资等来自国内的最终需求以外，还有来自海外的需求，也就是通常所说的出口。作为供给方，除了国内生产部门提供商品和服务以外，还有海外生产部门提供的商品及服务，就是通常所说的进口。开放经济下的投入产出表根据对进口投入的不同处理分为非竞争进口型投入产出表和竞争进口型投入产出表两种类型。

一、开放经济下的非竞争进口型投入产出表

（一）数值表示的非竞争进口型投入产出表

表 1 - 3 是数值表示的 2 部门非竞争进口型投入产出表，将 2 部门的中间投入分为国产中间投入和进口中间投入。

表 1 - 3　　2 部门非竞争进口型投入产出表（数值表示）

投入＼产出			中间需求		最终需求			（扣除）进口	国内生产额
			A 产业	B 产业	最终消费	总资本形成	出口		
中间投入	国内	A 产业	6	36	22	6	10	—	80
		B 产业	20	72	44	40	64	—	240
	进口	A 产业	2	12	13	3	0	-30	—
		B 产业	4	24	11	5	0	-44	—
增加值			48	96					
国内生产额			80	240					

表 1 - 3 的横向显示了 A 产业和 B 产业国内产品和进口产品的需求结构，同时，供给和需求保持平衡关系。

1. 国内产品横向供需均衡：国内中间需求 + 国内最终需求 = 国内生产额

A 产业：**（6 + 36）+（22 + 6 + 10）=　80**

　　国内中间需求　国内最终需求　国内生产额

B 产业：(20 +72) +(44 +40 +64) = 240

国内中间需求 国内最终需求 国内生产额

2. 进口产品横向供需均衡：进口中间需求 + 进口最终需求 = 进口总额

A 产业：(2 +12) + (13 +3) = 30

进口中间需求 进口最终需求 进口总额

B 产业：(4 +24) + (11 +5) = 44

进口中间需求 进口最终需求 进口总额

表 1 -3 的纵向表示各产业在进行生产活动时所使用的国内原材料与进口原材料的金额及增加值，反映了 A 产业和 B 产业的成本结构。

3. 纵向收支平衡：国内中间投入 + 进口中间投入 + 增加值 = 国内生产额

A 产业：(6 +20) + (2 +4) + 48 = 80

国内中间投入 进口中间投入 增加值 国内生产额

B 产业：(36 +72) + (12 +24) + 96 = 240

国内中间投入 进口中间投入 增加值 国内生产额

（二）一般形式的非竞争进口型投入产出表模型

表 1 -4 是导入字母符号，将具体数值表示的投入产出表转换为一般形式的投入产出模型。

表 1 -4 开放经济下的非竞争进口型投入产出表模型（字母符号表示）

投入 \ 产出			中间需求			最终需求	进口	国内生产额
			部门 1	…	部门 n			
中间投入	国产	部门 1	x_{11}^d	…	x_{1n}^d	F_1^d	—	X_1
		⋮	⋮	x_{ij}^d	⋮	⋮	⋮	⋮
		部门 n	x_{n1}^d	…	x_{nn}^d	F_n^d	—	X_n
	进口	部门 1	x_{11}^m	…	x_{1n}^m	F_1^m	M_1	—
		⋮	⋮	x_{ij}^m	⋮	⋮	⋮	⋮
		部门 n	x_{n1}^m	…	x_{nn}^m	F_n^m	M_n	—
增加值			V_1	…	V_n			
国内生产额			X_1	…	X_n			

注：X 为各产业的总产出，V 为增加值，最终需求 F 分为对国内产品的最终需求 F^d 和对进口产品的最终需求 F^m 2 个部分，产业间的中间交易 x 分为国内中间品 x^d 和进口中间品 x^m，产业部门用 1 到 n 的数字表示。

表 1 -4 横向反映了供需平衡关系，纵向反映了收支平衡关系。

国内产品横向供需均衡关系由公式 1 -3 表示：

$$\begin{cases} x_{11}^{d} + \cdots + x_{1n}^{d} + F_{1}^{d} = X_{1} \\ \vdots \qquad \vdots \qquad \vdots \qquad \vdots \\ x_{n1}^{d} + \cdots + x_{nn}^{d} + F_{n}^{d} = X_{n} \end{cases} \qquad \text{式 } 1-3$$

进口产品的横向供需平衡关系由公式 1－4 表示：

$$\begin{cases} x_{11}^{m} + \cdots + x_{1n}^{m} + F_{1}^{m} = M_{1} \\ \vdots \qquad \vdots \qquad \vdots \qquad \vdots \\ x_{n1}^{m} + \cdots + x_{nn}^{m} + F_{n}^{m} = M_{n} \end{cases} \qquad \text{式 } 1-4$$

纵向收支平衡关系由公式 1－5 表示：

$$\begin{cases} x_{11}^{d} + \cdots + x_{n1}^{d} + x_{11}^{m} + \cdots + x_{n1}^{m} + V_{1} = X_{1} \\ \vdots \qquad \vdots \qquad \vdots \qquad \vdots \qquad \vdots \qquad \vdots \\ x_{1n}^{d} + \cdots + x_{nn}^{d} + x_{1n}^{m} + \cdots + x_{nn}^{m} + V_{n} = X_{n} \end{cases} \qquad \text{式 } 1-5$$

二、开放经济下的竞争进口型投入产出表

（一）数值表示的竞争进口型投入产出表

如果对于同一部门的产品和服务不区分进口和国产，而一并计入各部门的最终需求时，被称作竞争进口型投入产出表。表 1－5 是简单数值表示的竞争进口型投入产出表。

表 1－5　　开放经济下的竞争进口型投入产出表（数值表示）

投入＼产出		中间需求		最终需求			（扣除）进口	国内生产额
		A 产业	B 产业	最终消费	总资本形成	出口		
中间投入	A 产业	8	48	35	9	10	-30	80
	B 产业	24	96	55	45	64	-44	240
增加值		48	96					
国内生产额		80	240					

开放经济条件下的各行业包括进出口存在以下供需关系：

总需求＝中间需求＋国内最终需求＋出口

总供给＝国内生产额＋进口

由于总需求与总供给相等，因此得出：

中间需求＋国内最终需求＋出口＝国内生产额＋进口

开放经济下的竞争进口型投入产出表存在以下各种平衡关系：

1. 横向供需平衡：中间需求 + 国内最终需求 + 出口 − 进口 = 国内生产额

A 产业：(**8 + 48**) + (**35 + 9**) + **10** − **30** = **80**

中间需求　国内最终需求　出口 进口 国内生产额

B 产业：(**24 + 96**) + (**55 + 45**) + **64** − **44** = **240**

中间需求　国内最终需求　出口 进口 国内生产额

2. 纵向收支平衡：中间投入 + 增加值 = 国内生产额

A 产业：(**8 + 24**) + **48** = **80**

中间投入　增加值 国内生产额

B 产业：(**48 + 96**) + **96** = **240**

中间投入　增加值 国内生产额

（二）一般形式的竞争进口型投入产出模型

表 1－6 所示为导入字母符号，将具体数值表示的投入产出表转换为一般形式的投入产出模型。

表 1－6　　开放经济下的竞争进口型投入产出表模型（字母符号）

投入＼产出		中间需求			国内最终需求	出口	（扣除）进口	国内生产额
		部门 1	…	部门 n				
中间投入	部门 1	x_{11}	…	x_{1n}	F_1	E_1	$-M_1$	X_1
	⋮	⋮	x_{ij}	⋮	⋮	⋮	⋮	⋮
	部门 n	x_{n1}	…	x_{nn}	F_n	E_n	$-M_n$	X_n
增加值		V_1	…	V_n				
国内生产额		X_1	…	X_n				

在表 1－6 中使用了以下字符：x 代表国产和进口的中间品，国内最终需求为 Y，出口为 E，进口为 M。表 1－6 的投入产出模型存在以下各种平衡关系：

1. 横向供需平衡

$$\begin{cases} x_{11} + \cdots + x_{1n} + F_1 + E_1 - M_1 = X_1 \\ \vdots \qquad\quad \vdots \quad \vdots \quad \vdots \quad \vdots \quad \vdots \\ x_{n1} + \cdots + x_{nn} + F_n + E_n - M_n = X_n \end{cases} \qquad \text{式 } 1-6$$

2. 纵向收支平衡

$$\begin{cases} x_{11} + \cdots + x_{n1} + V_1 = X_1 \\ \vdots \qquad\quad \vdots \quad \vdots \quad \vdots \\ x_{1n} + \cdots + x_{nn} + V_n = X_n \end{cases} \qquad \text{式 } 1-7$$

第三节

中国投入产出表的历史和数据含义

一、中国投入产出表编制的历史

我国对投入产出分析方法的研究开始于20世纪60年代初期，一些科研机构和高等院校开始了投入产出法的理论探讨。1960年，中国科学院数学研究所运筹室成立了经济数学方法组，专门从事投入产出法研究。1965年鞍钢编制的企业投入产出表是我国第一张投入产出表。1974年中科院的数学所和国家计划委员会计算中心共同编制的1973年61部门全国实物型投入产出表是我国第一张全国投入产出表。山西省从1979年开始，花费2年时间，编制了1979年山西省88部门的实物型投入产出表和56部门的金额型投入产出表，化工部在同年开始编制1978年化工产品的投入产出表。1987年3月国务院办公厅发出通知，明确规定从1987年开始每逢7和2的年份进行全国投入产出调查，编制投入产出表的基本流量表，每逢0和5的年份编制延长投入产出表。自1987年开始，我国已经编制了1987年、1992年、1997年、2002年、2007年、2012年、2017年、2018年和2020年的投入产出表的基本流量表，2005年、2010年和2015年编制了投入产出表的延长表，2017年、2018年和2020年编制了42个部门的非竞争进口型投入产出表。[①] 国家统计局的网站上公布了国家统计局自2002年开始编制的投入产出表。[②] 各省份也在相应的年份编制了省一级的投入产出表。

二、2018年中国投入产出表中各数据的含义

表1－7是我国2018年149部门的竞争进口型投入产出基本流量表示意图。第Ⅰ象限是由01001的农产品至91149的公共管理和社会组织的149个中间使用部门及相同的149个中间投入部门组成，描述了各部门之间的投入产出关系，表示了各产业的分配及中间消耗，也称作中间消耗矩阵或中间流量矩阵。第Ⅱ象限是最终需求矩阵，反映了各部门的最终需求的结构。第Ⅲ象限是最终投入矩阵，反映了增加值的构成。

表1－8所示的2018年149部门的竞争进口型投入产出基本流量表的示意图中，横向代表各部门生产产品的去向，纵向代表各部门生产需要的各产业的投入。

---

① 国家统计局编制的42部门非竞争进口型投入产出表并不是根据进出口数据编制的，而是按照一定的比例系数将竞争进口型投入产出表转换为非竞争进口型投入产出表。

② 资料来源：https：//data. stats. gov. cn/ifnormal. htm？ u＝/files/html/quickSearch/trcc/trcc01. html&h＝740

表 1－7　　2018 年中国竞争进口型投入产出表　　（单位：万元）

投入＼产出		部门名称	中间使用						最终使用				进口	总产出
			农产品	林产品	娱乐	社会保障	公共管理和社会组织	**中间使用合计**	**消费支出合计**	**资本形成总额**	出口	**最终使用合计**	进口	**总产出**
部门名称		代码	01001	02002	90147	94148	91149	**TIU**	**TC**	**GCF**	EX	**TFU**	IM	**GO**
中间投入	农产品	01001	59643959	0	26035	0	0	**493983221**	**132850186**	**7219687**	9528662	**149598535**	41959296	**601622460**
	林产品	02002	126	3119895	8808	0	0	**60466113**	**1982338**	**2545651**	132295	**4660284**	9785323	**55341074**
	畜牧产品	03003	94	0	99475	0	0	**166095017**	**92136923**	**19217144**	786464	**112140531**	2968538	**275267010**
	渔产品	04004	0	0	36272	0	0	**71852771**	**52075701**	**756974**	1327768	**54160442**	4228576	**121784637**
	农、林、牧、渔服务产品	05005	9363332	5952056	0	0	0	**40970528**	**17683472**	**0**	0	**17683472**	0	**58654000**
	煤炭开采和洗选产品	06006	336215	36418	12985	2669	548543	**252248138**	**1327283**	**－692977**	446405	**1080712**	17067536	**236261314**
	石油和天然气开采产品	07007	0	0	2151	384	71289	**299786764**	**0**	**9421222**	1506775	**10927997**	181295520	**129419240**
	黑色金属矿采选产品	08008	0	0	0	0	0	**120179841**	**0**	**－1334807**	494781	**－840025**	60814687	**58525129**
	有色金属矿采选产品	09009	0	0	0	0	0	**85349539**	**0**	**－223679**	794766	**571087**	33868616	**52052010**
	非金属矿采选产品	10010	525	640	558	0	19601	**82058559**	**0**	**2558349**	1628760	**4187109**	8338557	**77907111**
	开采辅助活动和其他采矿产品	11011	0	0	0	0	0	**18173541**	**0**	**0**	0	**0**	0	**18173541**
	谷物磨制品	13012	755167	0	37470	0	0	**76444103**	**52332582**	**583817**	744842	**53661241**	1477751	**128627593**
	饲料加工品	13013	679893	0	7924	0	0	**84308372**	**287069**	**1173001**	604826	**2064896**	2025291	**84347977**
	公共设施及土地管理	78137	0	0	43902	1155	1340995	**15014801**	**48490029**	**0**	376467	**48866497**	2584616	**61296682**
	居民服务	80138	0	0	62988	36193	1163088	**26227192**	**129191931**	**0**	455684	**129647615**	2810050	**153064757**
	其他服务	81139	275311	77266	119925	140575	13344155	**103958495**	**14761816**	**0**	0	**14761816**	0	**118720310**
	教育	83140	37353	14525	35802	66090	5953931	**24027449**	**424172853**	**0**	0	**424172853**	0	**448200302**
	卫生	84141	4294	2577	1305	8412	2310825	**11444714**	**402658543**	**0**	401396	**403059939**	2755761	**411748891**
	社会工作	85142	0	0	0	0	0	**0**	**12977808**	**0**	0	**12977808**	0	**12977808**
	新闻和出版	86143	2270	3041	20410	5757	3989762	**11633113**	**9510925**	**550000**	1346604	**11407529**	2081433	**20959209**
	广播、电视、电影和影视录音制作	87144	1086	1553	295842	12333	811278	**14102803**	**29286272**	**6310000**	1828172	**37424444**	10698660	**40828587**
	文化艺术	88145	14651	10018	1945	669	826960	**5693385**	**24760940**	**0**	305907	**25066847**	2514056	**28246177**
	体育	89146	0	0	0	0	0	**2292746**	**23258486**	**0**	347107	**23605593**	2701473	**23196866**
	娱乐	90147	1224	3417	1595918	3314	625047	**24952791**	**34881393**	**0**	1239586	**36120979**	7625365	**53448405**
	社会保障	94148	1116	8847	3007	108970	125232	**2304814**	**9715499**	**0**	0	**9715499**	0	**12020313**
	公共管理和社会组织	91149	112123	101579	17454	2181	17414519	**26221250**	**697363908**	**0**	1162870	**698526778**	2959374	**721788654**
	中间投入合计	**TII**	**200423000**	**18889000**	**24672169**	**2697757**	**291893854**	**15734410971**	**4957692537**	**4192281750**	**1756939612**	**10906913899**	**1686342176**	**24954982693**
增加值	劳动者报酬	VA001	420078488	36110688	15944686	8701553	355128817	**4750274407**						
	生产税净额	VA002	－36586478	－1005651	264615	40008	1953275	**963190751**						
	固定资产折旧	VA003	14000158	1252512	6760126	492084	68022489	**1336982712**						
	营业盈余	VA004	3707291	94525	5806809	88911	4790219	**2170123852**						
	增加值合计	**TVA**	**401199460**	**36452074**	**28776236**	**9322556**	**429894800**	**9220571722**						
总投入		**TI**	**601622460**	**55341074**	**53448405**	**12020313**	**721788654**	**24954982693**						

表 1－8　　2018 年中国非竞争进口型投入产出表　　（单位：万元）

投入＼产出		部门名称	中间使用								最终使用					国内产出/进口
			农林牧渔产品和服务	煤炭采选产品	石油和天然气开采产品	金属矿采选产品	卫生和社会工作	文化、体育和娱乐	公共管理、社会保障和社会组织	中间使用合计	消费支出合计	固定资本形成总额	存货变动	出口	最终使用合计	
	部门名称	代码	1	2	3	4	40	41	42	TIU	TC	FU201	FU202	EX	TFU	GO/IM
中间投入 国产品	农林牧渔产品和服务	1	139340120	204184	2203	21979	499003	401918	0	**784773917**	287742451	18272633	10226819	11653361	**327895264**	**1112669180**
	煤炭采选产品	2	629326	36244693	69423	749752	389203	43936	551198	**235880382**	754208	0	－772280	399004	**380932**	**236261314**
	石油和天然气开采产品	3	0	68943	818690	44919	52619	2754	71673	**123374737**	0	0	5247234	797269	**6044503**	**129419240**
	金属矿采选产品	4	0	0	0	2681444	0	0	0	**112743745**	0	0	－2702608	536002	**－2166606**	**110577138**
	非金属矿和其他矿采选产品	5	2191	1091085	15299420	310951	887	4733	19561	**92061582**	0	0	2444575	1574495	**4019070**	**96080652**
	食品和烟草	6	88424105	400402	77473	679978	5916853	10106332	4969050	**605462161**	508678324	0	7569676	37352197	**553600198**	**1159062358**
	水利、环境和公共设施管理	37	1574413	98104	44353	154816	385506	343888	1490174	**30160350**	55143843	0	0	823495	**55967338**	**86127688**
	居民服务、修理和其他服务	38	1078289	1533451	153227	122824	3236705	2199355	14684012	**130185687**	141143697	0	0	455684	**141599381**	**271785068**
	教育	39	150245	78870	9416	15032	725532	228088	6020021	**24027449**	424172853	0	0	0	**424172853**	**448200302**
	卫生和社会工作	40	119560	147030	13089	65168	2585885	55104	2319237	**11444714**	412880590	0	0	401396	**413281986**	**424726700**
	文化、体育和娱乐	41	87052	205713	91435	120296	252555	8436018	5941068	**51838330**	105276970	4496566	0	5067377	**114840913**	**166679244**
	公共管理、社会保障和社会组织	42	417610	65932	22020	38210	138609	159958	14948799	**25566690**	707079407	0	0	1162870	**708242277**	**733808967**
中间投入 进口品	农林牧渔产品和服务	1	1216937	539	6	58	2201	1534	0	**48593734**	8986169	234641	1005362	121827	**10348000**	**58941734**
	煤炭采选产品	2	16	534194	2	20	10	1	14	**16367756**	573075	0	79304	47401	**699780**	**17067536**
	石油和天然气开采产品	3	0	0	0	0	0	0	0	**176412027**	0	0	4173988	709506	**4883493**	**181295520**
	金属矿采选产品	4	0	0	0	10174605	0	0	0	**92785635**	0	0	1144122	753546	**1897668**	**94683303**
	非金属矿和其他矿采选产品	5	4	88	4959	40210	2	10	40	**8170518**	0	0	113774	54266	**168039**	**8338557**
	食品和烟草	6	326362	1660	297	1837	32552	45405	17822	**17753343**	50060416	0	872418	682724	**51615558**	**69368900**
	水利、环境和公共设施管理	37	0	0	0	0	0	0	0	**0**	5239792	0	0	0	**5239792**	**5239792**
	居民服务、修理和其他服务	38	0	0	0	0	0	0	0	**0**	2810050	0	0	0	**2810050**	**2810050**
	教育	39	0	0	0	0	0	0	0	**0**	0	0	0	0	**0**	**0**
	卫生和社会工作	40	0	0	0	0	0	0	0	**0**	2755761	0	0	0	**2755761**	**2755761**
	文化、体育和娱乐	41	7455	46711	26550	20449	45268	1190592	334053	**6836508**	16421045	2363434	0	0	**18784478**	**25620986**
	公共管理、社会保障和社会组织	42	60	26	1	20	453	160	2702103	**2959374**	0	0	0	0	**0**	**2959374**
	中间投入合计	**TII**	**430287053**	**114798875**	**39293119**	**58919752**	**252441559**	**80918759**	**294591611**	**15734410971**	**4957692537**	**4077133561**	**115148188**	**1756939612**	**10906913899**	**26641324870**
增加值	劳动者报酬	VA001	666718630	50793651	14076547	15536772	140705475	53900132	363830370	4750274407						
	生产税净额	VA002	－35077144	30066446	40251642	19517713	147668	2400083	1993283	963190751						
	固定资产折旧	VA003	27398736	11130082	28644781	5636492	24658258	19530795	68514573	1336982712						
	营业盈余	VA004	23341906	29472259	7153152	10966409	6773739	9929475	4879130	2170123852						
	增加值合计	**TVA**	**682382128**	**121462439**	**90126121**	**51657386**	**172285141**	**85760485**	**439217356**	**9220571722**						
总投入		**TI**	**1112669180**	**236261314**	**129419240**	**110577138**	**424726700**	**166679244**	**733808967**	**24954982693**						

以 01001 的农产品为例，从横向看，农产品销售给本部门 59643959 万元的产品，销售给林产品部门为 0，……，销售到娱乐部门的是 26035 万元的产品，中间使用部门所消耗的农产品一共是 493983221 万元产品。农产品不仅提供给中间使用部门，还作为最终消费品卖给消费者和政府。农产品的消费支出为 132850186 万元的产品，资本形成总额为 132850186 万元，出口了 9528662 万元产品，农产品的最终使用为 149598535 万元。

从纵向看，农产品部门需要本部门的产品投入金额为 59643959 万元，林产品的投入金额为 126 万元，畜牧产品的投入金额为 94 万元，……，社会保障部门的投入为 1116 万元，公共管理和社会组织的投入为 112123 万元，所有中间投入的总和为 200423000 万元。农产品生产除了中间投入以外，还需要劳动力投入，反映为劳动者报酬为 420078488 万元。另外交税的税额是 -3658678 万元，说明政府对农产品投入是给予税收补贴的，设备投入反映为设备折旧，为 140000158 万元。增加值总额为 401199460 万元。

横向的农产品中间使用加上最终使用的总额为 601622460 万元，纵向的农产品的中间投入和增加值投入加总的总额为 601622460 万元，横向与纵向的加总额相等。

表 1-8 是我国 2018 年 42 部门的竞争进口型投入产出表的示意图。竞争进口型投入产出表将竞争型投入产出表中的进口分为中间投入需要的进口及最终需求引起的进口，由纵向看某个产业的投入分为国产投入和进口投入，提供了更加全面的信息。

在进行实际应用时，根据分析目的的不同，可以采用不同的投入产出表。仅仅了解原材料投入及产品生产的技术关系时，可以采用竞争进口型表，如果需要了解产业链及进口品对经济的影响时，需要利用非竞争进口型投入产出表。

第二章　投入产出表与国民经济核算的关系

投入产出分析是以瓦尔拉斯微观的一般均衡理论为背景展开，也可以说是以魁奈（F. Quesnay：1694—1744 年）的经济表为基础建立的。另外，投入产出分析与凯恩斯学派中关于国民收入的经济循环表示方式有着紧密联系。

国内生产总值核算与投入产出表在理论上有一定关联，两者均在经济平衡关系中对总收入进行核算，但两者在“综合”或者是“分部门”的加总方式上存在差异。① 国内生产总值核算仅针对有效需求发生变化时，将所受到的直接影响作为统计对象，是单一指标的统计，而投入产出表则将国民经济分为多个部门，通过分析各产业受到的影响，对整体国民经济的活动水平产生的波及效应进行统计，是多个指标的统计。

投入产出表将多个部门的统计数值集中放入一张表中，反映了社会产品生产与使用的结构。由于投入产出表反映了经济循环的全过程，与国民收入有着密切联系，因此，被纳入了国民经济核算体系。

国民经济核算体系由“国内生产总值及使用表”“投入产出表”“资金流量表”“国际收支平衡表”和“资产负债表”5 张核算表组成。其中，“国内生产总值及使用表”核算生产、分配、消费、投资及进出口等经济循环的总量，“投入产出表”是国内生产总值及使用表的具体化及延伸。“国内生产总值及使用表”和“投入产出表”均采用一定的方式记录经济中各种产品及服务的循环。“资金流量表”记录了与“产品”相对应的“货币”流动；“国际收支平衡表”反映了与国内经济活动相对应的对外交易的收支；“资产负债

① 资料来源：宮沢健一：産業の経済学（第 2 版），東京：東洋経済新报社，1987.

表”分别从“产品”和“货币”两个方面记录特定时期国民经济存量的结构，是支撑下一轮经济流动（流量）的先决条件。

虽然国内生产总值的核算与投入产出表共同反映了商品和服务的循环，但是国内生产总值主要是关注增加值，或者从支出面来看是最终需求的总额，投入产出表不仅限于最终需求和增加值部分，而且关注各部门的生产结构及产出的去向，因此，国内生产总值是从宏观视角，投入产出分析是从产业的视角反映国民经济总体的运行情况，两者是互为补充的关系。

列昂惕夫创立的投入产出分析理论通过产业生产活动揭示了各产业之间的技术联系，这种技术联系与支出需求结构和分配收入形成相结合，说明了国民经济的整体结构。各产业的生产与消费、投资及出口等最终需求之间有着对应关系，如果消费、投资及出口等最终需求的产品构成发生变化，各产业的生产活动也将发生变化。投入产出分析通过产业之间，以及包括产业在内与国民经济全方位的关联关系，解释了对于某一特定时期，各产业的生产结构是通过怎样的形式和波及通道来应对最终需求的结构的变化，并提供了平衡解的方法。①

第一节

国民经济核算体系

国民经济核算体系（System of National Accounts，SNA）是基于经济学原理的严格核算规则进行经济活动测度的国际公认的标准建议。这些建议的表现形式是一套完整的概念、定义、分类和核算规则，其中包含了测度诸如国内生产总值（GDP）之类项目的国际公认的标准。② 也就是说，SNA 是由联合国等国际机构制定的国民经济核算的国际标准。为了比较各国的收入水平及经济增长率，了解各国经济的实际情况，大多数的国家都会进行国民经济核算，编制包括 GDP 统计在内的相关的收入及生产核算统计。

一、国民经济核算体系的账户序列

国民经济核算以账户的形式，将经济的各个方面放入一个体系中进行整体记录，正如

① 资料来源：宮沢健一．産業の経済学（第 2 版），東京：東洋経済新报社，1987.

② 摘自 SNA2008，1.1.

被称为“国家总账簿”或“一国经济的会计”一样，是一种可以综合体现一个国家的经济和循环结构的统计。根据经济理论，经济的运行过程首先利用初期存量进行生产活动，生产后形成收入进行分配，形成可支配收入，可支配收入使用后最终导致期末存量发生变化。这样的生产过程反映在图 2－1 所示的经济循环示意图中。

图 2－1 由期初资产、负债等存量（＝前期期末存量）开始，将生产、分配、支出、资本积累等过程以账户的形式进行记录，其中包括与海外交易在内的 1 年间的经济活动（流量）；另外，将以上经济活动以外其他影响存量的要素计入调整账户，最终成为经济运行的成果，作为期末的资产、负债等存量，显示出一年期间的经济循环状况。

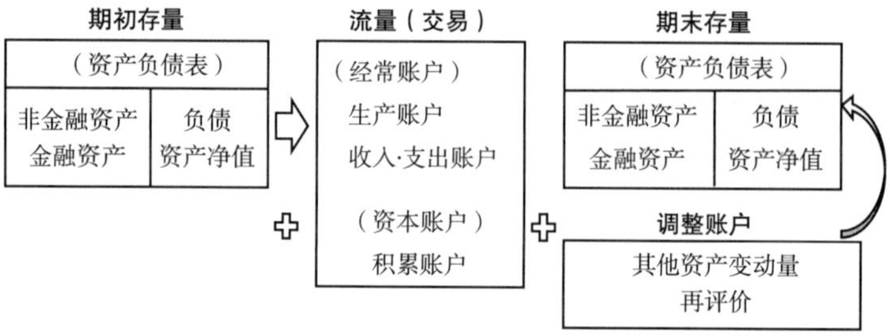

图 2－1　经济循环示意图

关于上文所述的存量与流量均为所有经济活动的各种变量的一种，其大小都是在一定时间内可以计算的数值。某一时期的积累数量可称为存量，某一时期的增减数量可称为流量。具体来说，存量是指某个时刻存在的量，没有时间维度。例如，人口数量、企业数量、资产额等；流量是指一定期间内流动的（产生的）量，具有时间维度。例如，出生、死亡人数、生产额、收入等，两者之间具有紧密的联系。

期初存量＋期间流量（本期流入－本期流出）＝期末存量

例如，我国的人口普查是每 10 年进行一次，通常人口普查年份的下一年的人口，是由普查年份的人口加上下一年人口的自然增减数（出生人数－死亡人数）和社会增减人数（迁入人数－迁出人数）求得，国民经济核算中所描绘的经济循环也正是利用了这种关系。

具体来看，SNA 的账户序列包括经常账户（包含生产账户、收入分配账户、收入使用账户）、积累账户（包含资本账户、金融账户）、调整账户（资产负债账户）和国外账户等。

图 2－2 显示的是日本 2020 年各账户的具体状况。SNA 的账户直接环环相扣，不仅体现在一个账户与另一个账户间的连接，而且前一个账户的余项（平衡项）将转入下一个账户的起点，通过平衡项达到均衡。

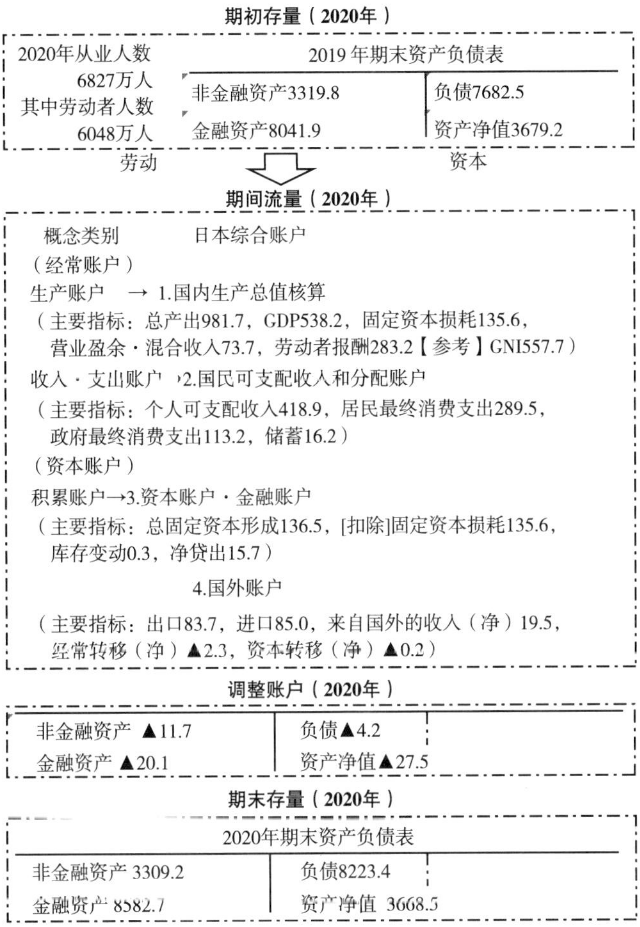

图 2－2　2020 年日本经济循环示意图（单位：万亿日元）

二、国民经济核算的五大经济账户

最早的“SNA1953”也被称作“旧 SNA”，是指在经济循环中，特别是以国民收入的生产、分配、支出（国民收入账户）为对象，核算范围相对较小的体系。在 SNA1960 和 SNA1964 对 SNA1953 进行了小规模订正后，1968 年开始对已有 SNA 进行了大幅修订，将之前已经存在的关于国民经济的各种统计放入了 SNA 体系，形成由五大经济账户组成的 SNA 体系（参照表 2－1），包括投入产出表（SNA 的 U 表、V 表）、资金循环统计（SNA 的资金筹集账户中的资金流量表），国际收支核算（SNA 的国际收支平衡表）及国家资产负债表。“SNA1968”也被称作“新 SNA”包含了实物、金融、流量及存量等所有方面的内容，发展成为记录“经济总体情况”的一个庞大体系。

表 2-1　国民经济核算的五大经济账户

经济账户	核算内容
国家资产负债表（NBS）	全国平衡表（存量）
投入产出表（IO）	商品和服务的生产成本结构和需求结构
国民收入账户（NIA）	国家整体收入和支出账户
资金循环统计（FOF）	国民经济的资金流动
国际收支统计（BOP）	出口、进口等与海外的经常交易

作为 SNA 的一部分，投入产出表与 SNA 中的其他账户有着相同的核算规则，包括对生产范围的界定，对国内与国外的界定等。投入产出表中的指标口径与 SNA 完全一致，如中间消耗、生产税、从业人员报酬、营业盈余、最终消费及固定资本形成等。

第二节　GDP 的三方等价原则

SNA 是以宏观经济理论为支撑，因此 GDP 核算遵循宏观经济学的三方等价原则，即在经济循环过程中，无论采用生产法、收入法还是支出法进行计算，GDP 均相等。GDP 的三方等价原则高度概括了经济循环的全部过程。

一、由简单经济来看 GDP 的三方等价

图 2-3 通过简化的经济模型对三方等价进行了描述。假设一国只有生产小麦的农家和将小麦加工成面粉的面粉厂及用面粉制作面包的面包店等三个生产者组成，农户的生产不使用原材料，所需的生产要素只有土地和劳动，生产出价值 300 的小麦全部卖给面粉

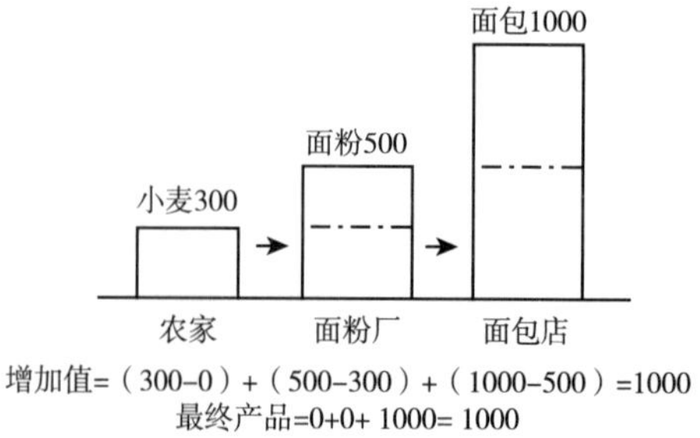

图 2-3　从简化经济看 GDP 的三方等价

厂；面粉厂仅使用小麦作为原材料，利用设备进行生产加工，生产出价值 500 的面粉后，由面包店购入，面包店将面粉进行加工，形成了价值 1000 的面包。并且这个国家的公民消费了价值 800 的面包后，剩下价值 200 的面包成为库存。那么，从增加值的角度来看为 1000，如果计算最终产品，价值同样是 1000。

二、生产账户

生产账户（Production Account）是指用于记录货物和服务的生产活动，反映了生产活动的产出和各项投入。上述简化经济中，各生产者的生产账户如表 2－2 所示，增加值是总产出和中间投入的差值，成为生产账户的平衡项目。以下以表 2－2 的数值为例说明 GDP 的三方等价原则。

表 2－2　　个体经济的生产账户

农户（借方）	农户（贷方）	面粉厂（借方）	面粉厂（贷方）	面包店（借方）	面包店（贷方）
中间投入 0	中间使用 300	中间投入 300	中间使用 500	中间投入 500	中间使用 0
增加值 300	最终消费 0	增加值 200	最终消费 0	增加值 500	最终消费 800
	总资本形成 0		总资本形成 0		总资本形成 200
总投入 300	总产出 300	总投入 500	总产出 500	总投入 1000	总产出 1000

首先，根据生产法计算 GDP。假定农户生产中不存在任何原材料的使用，那么中间投入为 0，右侧（称作"贷方"）的总产出（称作"产出额"）为 300，直接成为左侧（称作"借方"）的增加值。面粉厂从 500 的总出产中减去生产中作为原材料所使用的小麦（称作"中间投入"）300，剩下的是 200 的增加值。面包店同样从 1000 的产出额中扣除作为中间投入的 500 的面粉，剩下的是 500 的增加值。将各个生产者的增加值加总得到的 1000 就是这个国家的 GDP（生产法）。

产生的增加值 1000 当中，包括设备的折旧（称作"固定资本损耗"），支付给雇员的工资（称作"劳动者报酬"），支付给政府的税金（称作"生产税"），余额记录在个体户的情况下就是"混合收入"，对于法人企业而言是"营业盈余"（从中再支付地租和利息等，剩余的就是企业盈利）。

因此，生产过程中形成的增加值分配给各生产要素，或者根据各经济主体对生产活动的贡献所得到的第 1 次收入（称作"要素收入"）是收入法 GDP。根据"营业盈余和混合收入"（称作"余值"）的定义，收入法 GDP 和生产法 GDP 必定相等。如果用账户的形式表示，就是表 2－3 的"收入账户的产生"，说明增加值及其各分配项目，"营业剩余和混合收入”是该账户的平衡项目。

表 2－3　　收入账户的产生

（借方）	（贷方）
固定资本损耗 生产税 （扣除）补助 劳动者报酬 营业盈余·混合收入	增加值

支出法 GDP 基本上是最终产品的总和。首先，从生产账户的贷方开始，由于农户生产 300 的小麦作为原材料出售给面粉厂，面粉厂生产了 500 的面粉贩卖给面包店，因此，上述生产的产品均作为中间产品计入“中间使用”当中。最终产品是面包店生产了 1000 的面包，其中消费者（居民）购买了 800 的面包，成为“家庭最终消费支出”，面包店 200 的库存是投资（这种情况称作“库存变动”）。消费、投资与“总固定资本形成”等三者加总成为“总资本形成”（宏观经济学称作“投资”），作为最终产品计入“最终消费”（称作“最终使用”）。

如果面粉厂生产的 500 的面粉的一部分由家庭购入（例如，自己制作面饼等），并非全部由面包店买入时，家庭购入的部分就归入“家庭最终消费支出”。

另外，由政府产生的非市场生产的产出额以成本进行核算，其中不被任何经济主体所使用（没有产生支付）的部分，被当作政府自身消费，计入“政府最终消费支出”当中。

表 2－4 是将表 2－2 的生产账户进行合计。合计方法有两种：一种是将借方和贷方单纯进行加总，称作结合账户；另一种是借方和贷方互相抵销，称作合并账户。

表 2－4　　单纯加总的生产账户和互相抵销的生产账户

单纯加总的生产账户		互相抵销的生产账户	
（借方）	（贷方）	（借方）	（贷方）
中间投入 800 增加值 1000	中间使用 800 最终消费 800 总资本形成 200	增加值 1000	最终消费 800 总资本形成 200
总投入 1800	总产出 1800	GDP（生产法）1000	GDP（支出法）1000

如果将生产账户进行合并，贷方的中间使用（农户和面粉厂将原料出售给其他生产者 300＋500）和借方的中间投入（面粉厂和面包店购买原材料 300＋500）将会互相抵销，最终形成 GDP 账户（国内生产总值账户）。

三、由综合生产账户到国内生产总值

在上述的简化经济中，没有出现国外部分。如果包含国外部分，如表 2－5 所示，生产账户中产出将新增面向海外需求的“商品和服务的出口”，另外，贷方中的中间投入将新增来自海外的“商品和服务的进口”。作为合并生产账户，由于满足国外需求的出口是最终产品，因此，“商品和服务的出口”也包含在贷方中。借方中作为中间投入的进口不会被贷方中（国产的）的中间使用抵销仍旧会保留，但将从借方移至贷方，成为扣除项目。

表 2－5　　国内生产总值的账户

（借方）　　（贷方）

固定资本损耗	居民最终消费支出
生产税	政府最终消费支出
（扣除）补助	总固定资本形成
劳动者报酬	库存增加
营业盈余·混合收入	商品和服务的出口
	（扣除）货物和服务的进口
国内生产总值	国内生产总值

四、GDP 的三方等价原则与投入产出表

现实经济中产业间的相互关系非常复杂多样，投入产出表能够更清楚地反映 GDP 的三方等价原则，以下通过投入产出表对三方等价原则进行说明。

1936 年列昂惕夫发明了投入产出表，主要用于经济波及效应的分析，但是由于三方等价原则在国民经济核算中的重要地位，而投入产出表是将理论上存在的三方等价原则通过统计数据得以证实的唯一途径，SNA1968 开始，投入产出表成为 SNA 的重要组成部分。

（一）由综合生产账户到投入产出表

将图 2－3 表示的简化经济放入投入产出表中，如表 2－6 所示，横向第 1 行显示的是作为农户的总产出，小麦 300 成为面粉厂的中间使用需求，第 2 行显示的是作为面粉厂总

产出的面粉500成为面包店的中间使用需求，第3行显示的是作为面包店总产出的面包1000当中，有800的消费是家庭最终消费支出，200的库存增加是总资本形成。表2－6的横向体现了表2－2的各经济体生产账户的贷方。

表2－6列向的第1列农户的中间投入为0，总投入（＝总产出）300中减去中间投入0，就形成了300的增加值。第2列表示面粉生产企业的总投入（＝总产出）500中减去中间投入的小麦300形成200的增加值。第3列表示面包店的总投入（＝总产出）1000减去中间投入的面粉500形成500的增加值。表2－6的纵向表现了表2－2的各个经济体生产账户的借方。

由于没有对各个经济体借方的“中间投入”和贷方的“中间使用”进行相互抵销而直接进行记录，所以可以理解为投入产出表以矩阵形式记录了各经济体的生产账户的单纯加总。另外，如果将“中间投入”和“中间使用”包围的部分除去，剩下的部分就是互相抵销后的生产账户。

表2－6　　简化经济的投入产出表

产出 / 投入		中间需求（使用）			最终需求		总产出
		农户	面粉厂	面包屋	最终消费支出	总资本形成	
中间投入	农户	0	300	0	0	0	300
	面粉厂	0	0	500	0	0	500
	面包店	0	0	0	800	200	1000
增加值		300	200	500			
总投入		300	500	1000			

由于表2－6表示的是简化经济，因此表中的多数项目为0。以下分为封闭经济的投入产出表和开放经济的投入产出表对三方等价进行说明。

（二）封闭经济下的投入产出表与GDP的三方等价

封闭经济是不考虑进出口情况下的一国的经济状况。表2－7是假设一国经济无进出口，只有2个产业情况下的投入产出表，为了方便理解，假设A产业为农业，B产业为制造业，通过表2－7中的数据可以了解封闭经济下的三方等价在投入产出表中是如何实现的。

表 2－7　　　　封闭经济下的投入产出表和 GDP 三方等价原则

投入＼产出		中间需求（使用）			最终需求（使用）			总产出
		A 产业	B 产业	合计	最终消费支出	总资本形成	合计	
中间投入	A 产业（农业）	10	40	50	40	10	50	100
	B 产业（制造业）	30	80	110	50	40	90	200
	合计	40	120	160	90	50	140	300
劳动者报酬		25	40	65				
营业盈余·混合收入		20	10	30				
固定资本损耗		10	20	30				
生产税净额		5	10	15				
增加值合计		60	80	140				
总产出（投入）		100	200	300				

生产法 GDP = A 产业增加值（60）+ B 产业增加值（80）= 140

分配法 GDP = 劳动者报酬（65）+ 营业盈余·混合收入（30）+ 固定资本损耗（30）+ 生产税净额（15）= 140

支出法 GDP = 最终消费支出（90）+ 总资本形成（50）= 140

1. 横向供需平衡

表 2－7 的横向第 1 行的 A 产业（农业）使用了本产业 10 单位的原材料，使用了其他产业（制造业）的原材料 40，一共 50 的中间需求（也称作中间使用）；家庭消费为 40，企业投资为 10（这里的总资本形成是指与前面提到的“总固定资本形成”和“库存增加”的加总，例如，奶牛为前者，牛肉的库存为后者，两者均为资本形成），一共是 50 的最终需求（也称作最终使用）；中间需求与最终需求加总得到 A 产业（农业）的总产出为 100。同样在第 2 行中，说明了 B 产业（制造业）的总产出 200 是由哪些部门所需要，最终用途是什么。

横向供需平衡：中间需求（使用）+ 最终需求（使用）= 总产出

2. 纵向收支平衡

表 2－7 纵向的第 1 列 A 产业（农业）购买本产业 10 单位的原材料，购买其他部门（制造业）30 单位的原材料，一共购买 40 单位的原材料作为中间投入，A 产业（农业）的劳动者进行加工生产后，产生 100 单位的总产出。由于中间投入为 40，余值的 60 是农业的增加值。“营业盈余”（个体经营者的盈余称为“混合收入”）的 20 是由增加值 60 减去劳动者报酬的 25（个体户及家庭从业者的收入不包含在此项），再减去政府的“生产税净额”的 5（“生产税”中扣除“补助金”的余值）和固定资本损耗 10 的余值。同样，第 2 列表示的是制造业的总产出 200 所需的成本结构。

纵向收支平衡：中间投入+增加值=总产出

由于中间需求（使用）与中间投入的总和相等，因此，可以得到下列平衡式：

最终需求合计=增加值合计

3. 生产账户和投入产出表中的GDP三方等价

生产账户与投入产出表之间存在密切关系。投入产出表的第1行是A产业的生产账户的贷方，第1列是生产账户的借方，第2行的B产业也同样。作为合计项目的第3行是A产业和B产业的单纯加总的生产账户的贷方，第3列是借方。如果进一步去掉“中间投入”和“中间使用”包围的部分，剩下部分则是互相抵销的生产账户。

GDP三方等价是指表2-7的各产业增加值合计的生产法GDP、分配项目（劳动者报酬、营业盈余、固定资本损耗·生产税净额）合计的收入法GDP，以及针对最终产品支出的最终使用支出和总资本形成合计的支出法GDP，三种方法得到的GDP都是140，因此，投入产出表的数值可以反映GDP的三方等价。

（三）开放经济下的投入产出表与GDP的三方等价

开放经济是封闭经济的基础上加上国外部分，考虑进出口部门的经济。国际分工在不断深化的国际形势下，开放经济更接近于现实的经济状况。开放经济条件下，为满足来自国外对本国的产品及服务的需求的出口部分，无论出口的是原材料还是最终产品，对于本国来说都是本国的最终产品。进口是由海外提供的产品及服务，进口产品有可能成为本国的中间品，也可能是本国居民的最终消费品，由于进口品由国外厂商生产，并未对国内产生需求，因此不算作本国的生产，应当加以剔除。

表2-8是在表2-7的基础上，在最终需求（使用）项目中新增了“出口”和“进口”项目，各产业的产品及服务的**供需平衡**如下：

中间需求（使用）+最终需求(使用)(含出口)=总产出+进口

将进口移到左边，成为扣除项，满足以下的**国内供需平衡**关系：

中间需求（使用）+最终需求(使用)(含出口)-进口=总产出

开放经济下的投入产出表的纵向的中间投入，不仅包括国内产品的中间投入，还包括进口产品的中间投入，各纵向与封闭经济的表2-7同样存在以下的**收支平衡**：

中间投入+增加值=总产出

与封闭经济一样，由于中间需求（使用）总量和中间投入总量相等，可以得到以下的平衡式：

最终需求（使用）(含出口) 合计－进口合计＝增加值合计

表 2－8 中，A 产业的出口为 10，低于进口的 30，国内使用的一部分由进口（外国）提供，产出由封闭经济的 100 缩减到 80。与此对应，纵向的中间投入（40→32）和增加值（60→48）也出现缩减。另一方面，B 产业由于出口（64）较多，总产出从 200 扩大到 240，在成本结构方面，中间投入（120→144）和增加值（80→96）变大。

此时支出法的 GDP 是在“最终消费支出”（90），“总资本形成”（54）等国内最终使用（144）的基础上，再加上来自海外的需求“出口”（74），扣除中间使用和国内最终使用中包含的海外产品“进口”，与生产法 GDP 和支出法 GDP 相等。

表 2－8　　开放经济下的投入产出表和 GDP 三方等价原则

投入＼产出		中间需求（使用）			最终需求（使用）			(扣除) 进口	总产出
		A 产业	B 产业	合计	最终消费支出	总资本形成	出口		
中间投入	A 产业	8	48	56	35	9	10	－30	80
	B 产业	24	96	120	55	45	64	－44	240
	合计	32	144	176	90	54	74	－74	320
劳动者报酬		20	48	68					
营业盈余·混合收入		16	12	28					
固定资本损耗		8	24	32					
生产税净额		4	12	16					
增加值合计		48	96	144					
总产出（投入）		80	240	320					

生产法 GDP＝A 产业增加值（48）＋B 产业增加值（96）＝144

收入法 GDP＝劳动者报酬（68）＋营业剩余·混合收入（28）＋固定资本损耗（32）＋生产税净额（16）＝144

支出法 GDP＝最终消费支出（90）＋总资本形成（54）＋出口（74）－进口（74）＝144

表 2－8 的开放经济的投入产出表显示，利用生产法、收入法和支出法所得到的 GDP 相等，很好地体现了 GDP 三方等价的原则。

第三节

SNA 的投入产出统计

一、产业分类统计与产品分类统计

在上文的简单经济中，小麦种植户、加工小麦的面粉厂及生产面包的面包店等生产者都只是生产一种产品。但是现实中的生产者或者企业进行生产时，并非只生产一种产品，除了主产品之外，还可能产生副产品。例如，养牛场的主要产品是牛肉，而皮带就是副产品。因此，某个产业是指以生产某种商品为主体的某一类行业，换而言之，以“各商品和各产业有一一对应关系”为假设前提。但是，现实中的统计并不那么简单。

在各国的统计调查中，作为统计调查基本单位的各单位和企业都可能生产多种产品和服务，通常根据调查单位和企业主要的经济活动对单位和企业进行产业划分，这样的统计被称为**产业分类统计**。例如，种植小麦的农户，同时也种植了苹果，如果小麦是主要产品（农户的多个生产产品中，产出或增加值最大的是小麦），那么该农户的产出，包括苹果的产出，全部被归类于小麦种植业。通常可以获得的各产业的统计数据，大多是基于这样的假设进行产业分类。

另一方面，并非把生产单位或企业统一归类于某一产业，而是按照所生产的商品、服务的种类来进行分类统计的被称为**产品分类（或产品及服务分类）统计**。

由于以生产单位或企业为基础进行统计时，无法准确把握各产品及服务的实际生产成本，因此，SNA 采用了产业分类和产品分类的双重分类。虽然在供求结构中采用产品分类，但是在核算生产成本和增加值形成时采用产业分类。

二、U 表和 V 表

SNA1968 指出，首先，以企业单位为基础编制 U 表（分产业产品投入表）和 V 表（分产业产品产出表：对角元素是主要产品，非对角元素是副产品），然后在商品技术假定（某一商品，不论在哪个产业生产，都具有相同的投入结构）或者在产业技术假定（某一产业不管其产品结构是什么都具有相同的投入结构）的基础上，用数学的方法计算出 X 表。

如表 2－9 所示，1968 年 SNA 手册中，首先根据基层生产单位的统计数据编制 U 表（分产业的产品投入表）和 V 表（分产业的产品产出表：对角要素是主要产品，非对角要素是副产品），在此基础上假定各产品及产业的投入结构相同，根据数学推导计算出 X 表（产品 × 产品）。

表 2－9　　SNA1968 的投入产出表体系

项目	产品	产业	最终需求	产出
产品	X	U	f	q
产业	V			g
增加值		y'		
产出	q'	g'		

X：产品 × 产品的交易表，U：各产业产品投入表，V：各产业产品产出表，q：各产品产出额，g：各产业产出额，f：各产品最终使用，y：各产业增加值，$'$：表示倒置。

三、供给使用表（SUT 表）

如前文所述，投入产出表主要对应生产账户和收入账户，SNA1993 年将“供给使用表（Supply and Use Tables，SUT）”取代了 U 表和 V 表，如表 2－10 所示。“供给使用表”成为投入产出表与生产账户和收入账户的桥梁，也是编制投入产出表的基础①。

表 2－10　　供给使用表（SUT）

日本 2014 年供给表（S 表）　　（单位：100 亿日元）

产品·服务＼经济活动	1. 农林水产业	2. 工业·建筑业	3. 服务业	国内生产额	进口	进口品税收（包含关税）	总供给（生产品价格）	运输·商业利润	总供给（购买者价格）
1. 农林水产业	1212	7	1	1220	247	22	1489	581	2070
2. 工业·建筑业	35	36310	324	36669	8350	837	45856	10100	55956
3. 服务	6	1800	59887	61694	1611	9	63313	－10681	52633
小计	1253	38118	60212	99582	10207	869	110658	0	110658
（扣除）总资本形成征收消费税	—	—	—	491	—	—	491	—	491
合计	—	—	—	99091	10207	869	110167	0	110167

日本 2014 年使用表（U 表）　　（单位：100 亿日元）

产品·服务＼经济活动	1. 农林水产业	2. 工业·建筑业	3. 服务业	进口品税收（包含关税）	（扣除）总资本形成征收消费税	合计	最终消费	总资本形成	出口	总需求
1. 农林水产业	170	894	352	—	—	1415	617	27	11	2070
2. 工业·建筑业	423	20342	8398	—	—	29163	10330	9478	6986	55956
3. 服务	117	3863	14032	—	—	18012	29417	3276	1927	52633
小计	710	25098	22782	—	—	48590	40364	12781	8924	110658
（扣除）总资本形成征收消费税							—	491	—	491
合计	710	25098	22782	—	—	48590	40364	12290	8924	110167
固定资本损耗	204	3270	8376	—	—	11850				
生产品·进口品税收（扣除）补助金	－12	1372	2037	869	491	3774				
劳动者报酬	227	7078	18538	—	—	25843				
营业盈余·混合收入（净）	124	1300	8479	—	—	9903				
增加值合计	543	13019	37431	869	491	51370				
产业额	1253	38118	60212	869	491	99960				

资料来源：根据日本内阁府《平成 28 年度国民经济计算年报》（2018）编制。

① 少数国家（包括中国）并未编制“供给使用表”，而采用直接编表法编制投入产出表。

SUT 是一种主要用于记录产品从何而来，用于何处的核算表，焦点是产品平衡关系而不是核心账户序列的收入流转。SUT 的供给表也称作制造矩阵，记录产品的来源；使用表记录了产品的用途及去向。使用表和供给表结合，就清楚地知道产品的来源及去向了。

如表 2-10 所示，供给表（S 表）在明确流通利润的基础上记载由谁（国内的某项经济活动还是海外进口）提供产品和服务，使用表（U 表）则表示在横向上，产品和服务如何作为中间品或最终品被各部门或主体使用的。另外，作为各种经济活动的生产成本，在纵向记录了对哪种产品和服务进行了中间使用，并且产生多少增加值。构成增加值的各个项目也进行了详细记录。

日本根据 SNA1993，SUT 逐步取代了以往的 U 表和 V 表的推算。部分《2015 年产业连关表（投入产出表）（基本表）》（如服务业），全部的《2020 年产业连关表（投入产出表）（基本表）》采用由 SUT 到投入产出表（IOT）的编表方法。日本内阁府的 GDP 统计从 2016 年 12 月（2011 年标准）开始，采用 SUT 框架，提高生产法 GDP 和支出法 GDP 的准确性，并力图使两个数据之间尽可能保持一致（缩小统计的不匹配）。

四、作为 GDP 核算工具的投入产出表

在 SNA 中，投入产出表的另一个重要作用是校验 GDP 核算。如前文所描述，GDP 的三方等价原则，即生产法、收入法和支出法 GDP 相等。如果分别利用 3 种方法对 GDP 进行核算，那么不同方法间的 GDP 差异非常大。

利用投入产出表推算 GDP 时，投入产出表中兼容了三种 GDP 算法，并且按产品部门细分，将不同来源的数据编入投入产出表的不同部分，然后整合在投入产出表的统一框架下，就容易发现彼此的不一致，可以进一步检查差异的根源所在。

日本严格按照 SNA1968 所提倡的以投入产出表为基础进行 GDP 核算。具体做法是，日本的各省厅（政府机构）针对自身的行政需求，组织统计调查，并收集各类需求面及供给面的统计数据。基于各地方提供的丰富基础统计数据，每年编制并提供投入产出统计，利用投入产出表将支出法和生产法 GDP 之间的差值率控制在最小范围内。表 2-11 显示了日本生产法 GDP 和支出法 GDP 的差值率，从表中数据可知，日本的支出法与生产法 GDP 的差值率都控制在较低水平。

表 2-11 日本的生产法 GDP 与支出法 GDP 的差值率 （单位：10 亿日元，%）

年份	a. 支出法 GDP	b. 生产法 GDP	差值率% (a-b)/a	a. 支出法 GDP	b. 生产法 GDP	差值率% (a-b)/a	a. 支出法 GDP	b. 生产法 GDP	差值率% (a-b)/a
	2000 年基准 · 93SNA · GDP 不包含 FISIM			2005 年基准 · 93SNA · GDP 包含 FISIM			2011 年基准 · 98SNA · GDP 包含 FISIM		
2015							530545	528797	0.33
2014				486939	487428	-0.10	513698	512927	0.15
2013				479084	479081	0.00	503176	503358	-0.04
2012				475332	475731	-0.08	494957	494946	0.00
2011				471579	471905	-0.07	491409	491462	-0.01
2010				482677	481028	0.34	500354	501085	-0.15
2009	470937	462425	1.81	471139	469295	0.39	489501	490593	-0.22
2008	504378	496851	1.49	501209	499245	0.39	520716	522035	-0.25
2007	515520	509174	1.23	512975	511816	0.23	531688	533762	-0.39
2006	507365	503227	0.82	506687	505715	0.19	526880	529039	-0.41
2005	501734	499832	0.38	503903	502517	0.28	524133	527113	-0.57
2004	498328	493502	0.97	503725	500461	0.65	520965	522084	-0.21
2003	490294	487187	0.63	498855	495760	0.62	515401	516722	-0.26
2002	491312	487484	0.78	499147	496420	0.55	515986	516787	-0.16
2001	497720	492156	1.12	505543	501307	0.84	523005	521142	0.36
2000	502990	500368	0.52	509860	508734	0.22	526706	527871	-0.22
1999	497629	496523	0.22	504903	504928	0.00	519652	522004	-0.45
1998	504905	502160	0.54	512439	509477	0.58	527877	528412	-0.10
1997	515644	511086	0.88	523198	518011	0.99	534143	533738	0.08
1996	505012	501840	0.63	511935	507321	0.90	525807	523818	0.38
1995	495166	490668	0.91	501707	496336	1.07	512542	509751	0.54
1994	488450	485889	0.52	495743	491801	0.80	501538	500814	0.14

资料来源：日本内阁府《国民经济计算年报平成 27 年版》（2011 年基准）、《国民经济计算年报平成 26 年版》（2005 年基准）和《国民经济计算年报平成 23 年版》（2000 年基准）。

注：FISIM 是间接估算的金融中介服务。

GDP 核算在 SNA 中至关重要，投入产出表在某种意义上就是多部门国内生产总值核算。基于投入产出表对 GDP 进行校验，是国民经济核算体系中投入产出表所能发挥的重要作用之一。

五、投入产出表的部门分类

生产活动的分类可能或由于标准不同产生不同的分类。SNA 对于生产活动的分类有着很多讨论。需要明确生产活动最小单位如何界定，在不同的最小单位基础上汇总，就能得到不同部门分类。

国民经济核算涉及两类部门：机构部门和产业部门。SNA2008 这样定义机构部门："SNA 所识别的最基本单位是能够从事所有交易，并能够以自己的名义拥有资产、发生负债的经济单位，这些单位被称为机构单位。"将机构单位按照主要职能、活动和目标分组，形成非金融公司、金融公司、广义政府、住户、为住户服务的非营利机构等机构部门。

对于基层单位及产业，SNA 进行了以下说明："若要进行主要以生产技术为特征的生产分析，其对象就必须是实质上从事着同样生产的生产者。为此需要将某些机构单位分解成更小、更加同质的单位——SNA 称之为基层单位。基层单位可以是企业，也可以是企业的一部分，它具有单独的场所，只从事一种生产活动，或者其主要生产活动在其全部增加值中占有最大部分。产业是由从事相同或类似活动的基层单位组成的。"投入产出表主要以产业进行分类，是具有同质性的产品部门。

投入产出表的内生部门分类主要基于基层单位的生产活动进行分类和按照生产活动的主体进行分类的双重分类。

（一）按照基层单位的生产活动进行分类

投入产出表侧重于经济活动中的产业间的物品及服务的交易关系。因此，内生部门的分类将随部门划分标准的不同，所反映经济活动的形态也不同。一国发布的各种调查统计的部门分类，一种是以各单位及企业为基层单位的产业分类；另一种是以商品为单位的产品分类。例如，各国工业统计通常是针对各单位及企业进行统计调查，依据各单位及企业的主要生产活动的内容进行分类。如果一家生产单位存在两种以上的生产活动，那么该单位或企业产生最大增加值的生产活动就是该单位或企业的主要生产活动，其他的生产活动是次要活动。主要活动所属产业就是该单位或企业所属产业。另外，进行商业统计的商品则采用产品分类。

投入产出表的内生部门分类与通常的统计调查的分类不同，原则上是根据各单位生产活动进行产业分类。如果某一单位和企业存在两种以上的生产活动时，不同的生产活动属于不同的部门分类，是根据生产技术进行分类，与根据商品分类有点类似。标准的投入产出表是按照生产活动进行分类的"产品×产品"表，确保了投入系数的安定性，最符合投入产出建模所需要的同质性假定。

（二）按照生产活动主体进行分类

投入产出表的各内生部门之间的货物及服务是通过市场交易以获取利益为目的的货物及服务为主，但是也存在自来水供给、电力供给及义务教育等，不以获利为目的的公共服务产品。公共服务并不按照成本定价，甚至可能无偿提供。类似这些产品及服务同样反映在投入产出表中。投入产出表中的关于上述货物及服务是根据生产活动的主体进行分类。

六、投入产出表的价格

通常来说企业进行生产时，原材料的投入及产量都是用物量单位进行计算。投入产出表中进行生产所用的原材料的投入如果都用物量单位，那么投入结构完全反映的是产品的技术结构。但是，由于各种投入品的种类不同，不能够进行简单加总。尤其是服务业并不存在物量单位。因此，投入产出表的各产业间的交易量及生产量完全采用了共通的金额尺度（价值）进行衡量，因此采用何种价格对于金额表示的投入产出表有着非常重要的影响。

（一）基本价格、生产者价格和购买者价格

价格存在不同的分类方法，在 SNA 中主要分成基本价格、生产者价格和购买者价格。

根据 SNA2008 的第 6.51 节对基本价格的定义："是生产者就其生产的每单位货物或服务产出从购买者那里所获得的，扣除了生产或销售时应付的所有税，再加上所获得的所有补贴后的金额。它不包括生产者在发票上单列的任何运输费用。"而生产者价格则是"生产者就其生产的每单位货物或服务产出从购买者那里所获得的，扣除了向购买者开列的所有 VAT 或类似可抵税后的金额。它不包括生产者在发票上单列的任何运输费用。"从上述定义，可知生产者价格包括了产品税（企业支付给政府的税收），不包括增值税（消费者支付给政府的税收），但是未加入政府给予的补贴。而基本价格在生产者价格的基础上剔除了产品税，而且加入政府补贴。两者的关系如下所示：

基本价格 = 生产者价格 − 产品税（不包括发票单列的增值税）+ 产品补贴

关于生产者价格和购买者价格的区分主要是在于价格是否包含了运输费用及流通时的商业毛利。购买者价格是包含了运输费用及流通时的商业毛利等的流通费用的价格，生产者价格则不包含上述费用。也可以用以下公式来说明：

生产者价格 = 购买者价格 −（国内运输费用 + 批发商和零售商的商业毛利）
− 购买者支付的增值税

尽管 SNA 建议投入产出核算应使用基本价格，但是由于基本价格的估算对数据资料要求更高，包括我国在内的实际投入产出表的编制大多采用生产者价格。也有的国家分别采用生产者价格和购买者价格同时编制两种价格的投入产出表。购买者价格的投入产出表

更接近于现实经济，更便于读取生产的原价。但是进行投入产出分析时，如果包含了运输费用及流通时的商业毛利，那么就会影响投入结构的安定性，也就是说，如果生产技术没有发生变化，但是可能由于国内货运成本或者商业毛利率发生变化引起投入结构发生改变。由于上述原因，进行投入产出分析时，通常采用生产者价格的投入产出表。

（二）出口和进口价格

投入产出表的对外贸易与国民经济核算中的概念相同，是常住单位与非常住单位之间的贸易，包括普通贸易、特殊贸易、直接购买等项目。普通贸易就是通常的海关货物的进出口；特殊贸易是运输及保险等服务贸易；直接购买是指外交官及海外旅行者购买当地商品及服务。通常海关的进出口贸易统计，出口采用的是 FOB（Free on Board）价格，进口采用的是 CIF（Cost，Insurance and Freight）价格。

FOB 价格是出口商品离开国境时的离岸价格，虽然不包括海洋运输及海上保险等费用，但是包含了工厂到海港之间的运输费用及进出口公司的服务费。因此，海关出口金额扣除相关费用可以转换为投入产出表的国内生产者价格。

CIF 是包括远洋运输和保险费用的到岸价格。进口商品在国内市场上应当处于完全相同的状态下进行竞争，因此生产者价格的投入产出表中的商品进口需要在 CIF 价格上加上进口关税、消费税和增值税等进口商品税。

由于国民经济核算对于商品和服务的对外贸易均采用 FOB 价格进行统计，但是投入产出表对于进口采用的是 CIF 价格，那么离开进口对象国家后的运输及保险等服务费用视为国内的生产活动还是海外生产活动，两者的处理就完全不同了。

进口商品如果利用外国的货船或者飞机时，国民经济核算将运输费用当作进口处理，投入产出表的进口采用 CIF 价格，这部分费用包含在进口商品中，同样属于进口。如果进口商品时利用本国的货船或飞机，那么国民经济核算将运输费用当作国内的生产活动，不计入进口。而投入产出表则将这部分作为本国以外的生产活动，则被计入出口。

七、关于一些特殊部门的处理

（一）研发支出

根据 SNA2008 的第 6.207 节，对研发支出进行了新的规定，认为研究和开发是一项有计划有步骤进行的创造性活动，其目的在于增加知识存量，并利用这些知识存量来发现或开发新产品，因此不是一项辅助活动，应当视为资本形成算作产出的一部分。

中国2017年投入产出表对研发支出部门进行了调整，将原来存在于各部门的研发活动调整为研究与试验发展产业部门的主产品。调整后的研发部门的产出急剧扩大，同时研发部门的固定资本形成数据有较大增加。

在投入产出调查中获取的某些产品部门的研发支出不再转换为该部门的中间投入，而是并入研究和试验发展部门。各投入产出产品部门体现的产出数据，不包括原附属的研发产出，符合投入产出表对产品部门同质性的要求。

（二）废品废料的处理

中国2017年投入产出表中的“废旧资源和废弃材料加工品”部门由两部分组成：一是《国民经济行业分类（2017）》中的“废弃资源综合利用业”；二是投入产出核算中的“虚拟废品废料”。

其中，“废弃资源综合利用业”部分，核算方法与其他工业部门相同。投入产出核算中的“虚拟废品废料”，总量来自投入产出平衡过程中，废旧资源和废弃材料加工品部门的行方向差异，这一部分计入该部门的总投入和增加值中营业盈余项。

第三章　投入产出分析的基础
——封闭经济条件下

第一节
投入系数和波及效应

投入产出表通过棋盘式的表格，描述了国民经济各部门之间的生产关系，这种生产关系可以通过系数来表现。投入产出表的系数既反映各部门之间的投入和产出的关系，也反映生产的技术结构，只要生产技术不变，系数就相对稳定，因此系数是投入产出分析的研究基础。

一、投入系数

投入产出表的纵向反映了成本结构，显示各产业生产所需要的原材料、劳动及资本等生产要素的投入量，也就是通过各产业的中间品的投入比例反映各产业的生产技术。投入产出分析通过引入投入系数的概念反映生产 1 单位产品所需要的各种原材料、劳动及资本投入的比例。投入系数是由生产过程中所需要的中间投入的总和除以总投入得到的系数，也称作直接消耗系数（本文采用投入系数的名称）。

由于在一定技术条件下，各种原材料、劳动及资本投入的比例不会发生改变的，如果技术发生改变，各种生产要素投入的比例也发生变化，因此，投入系数（直接消耗系数）

也被称作技术系数，反映的是生产时所需要的各种投入之间的关系，也就是反映了技术关系。技术的更新换代并不是在短期内发生的事情，因此，投入产出表并不需要每年进行更新。大多数国家的投入产出表每 5 年更新一次，因此，在进行当年的投入产出分析时，并不一定需要当年的投入产出表，可以在技术不变的假设前提下根据往年的投入产出表对当年进行分析。

（一）2 部门的投入系数

利用表 3－1 的数据，根据投入系数的定义，可以计算出 A、B 的 2 部门的投入系数，也就是分别计算出 A 和 B 部门的 1 单位的产出中，A 和 B 部门作为中间投入分别占比多少。计算方法如表 3－1 所示。

表 3－1　　2 部门投入系数（数值例）

产业	A 产业	B 产业
A 产业	0.1（＝10÷100）	0.2（＝40÷200）
B 产业	0.3（＝30÷100）	0.4（＝80÷200）

注：原始数据参照表 1－1。

（二）由供需平衡导入联立方程

在此，利用投入系数，再一次回到表 1－1 的横向供需平衡，可以得到以下的均衡关系：

Ⓐ产业：0.1×(100)＋ 0.2×(200)＋50 ＝ (100)

Ⓑ产业：0.3×(100)＋ 0.4×(200)＋90 ＝ (200)

中间需求 ＋ 最终需求＝总产出

各产业的生产通常根据对此产业需求（中间需求＋最终需求）的大小决定。最终需求是对最终产品的需求，是生产的终极目标，通常由居民赖以生存的消费需求以及经济活动所必需的投资需求等构成。另外，投入产出表横向的均衡关系式反映出中间需求依赖于自产业及其他产业的生产规模和生产技术（由中间消耗系数表示）。投入产出分析的目的是考察均衡产出水平是如何决定的，在此，将 A 产业总产出改写为 x，B 产业的总产出改写为 y，得到一次联立方程式 3－1：

$$\begin{cases} 0.1x + 0.2y + 50 = x \\ 0.3x + 0.4y + 90 = y \end{cases} \qquad \text{式 3－1}$$

各产业间在相互交易的过程中彼此依赖的同时，根据各产业的最终需求，决定其生产水平。中间消耗系数正是体现了每个行业的这种相互依赖的关系。

对以上联立方程组式 3－1 进行求解，可以得到以下结果：

$$\begin{cases} x = 100 \\ y = 200 \end{cases}$$

从经济学角度解释，可知，A 产业的最终需求为 50，B 产业的最终需求为 90，在表 3－1 所表现出生产技术的基础上，各产业按照相应的投入比例进行生产活动，最终结果是 A 产业的总产出为 100，B 产业的总产出为 200。

二、波及效应

（一）新增需求产生的波及效应

产生新增需求时，新增需求不仅对本产业产生影响，也会对本产业以外的其他产业产生影响。通过投入产出模型，可以求出某个产业的新增需求最终的生产波及效应。以下用具体数值说明新增需求发生时，对各产业产出的波及的过程。

假如 B 产业新增了 10 单位的最终需求（消费或投资），各产业的产出最终将增加多少需求可以通过联立方程式 3－2 求出。

$$\begin{cases} 0.1x + 0.2y + 0 = x \\ 0.3x + 0.4y + 10 = y \end{cases} \qquad \text{式 } 3-2$$

由联立方程式 3－2 可以得出以下各产业的均衡产出的结果：

$$\begin{cases} x = \dfrac{25}{6} \approx 4.17 \\ y = \dfrac{75}{4} \approx 18.75 \end{cases}$$

B 产业新增 10 单位的需求，对产出的影响如同投在水面的石头泛起的波纹，不断由中心向外扩散，由直接到间接，由间接到更间接不断波及，随着波及的范围的扩大，强度越来越弱，最终消失。各产业最终的生产波及效应的最终结果是 A 产业为 4.17，B 产业为 18.75。

（二）由投入系数产生的生产波及

图 3－1 通过图示的方式直观地反映了投入系数对各产业产生的波及效应的过程。

公式 3－2 的均衡解就是各产业波及效应的结果。如图 3－1 所示，B 产业产生了 10 单位的新增需求（直接效应），新增需求需要原材料投入进行生产，由此带来 2 单位（＝10×0.2）A 产业和 4 单位（＝10×0.4）B 产业的增加投入（1 次诱发效应）。由于 A 产业的 2 单位及 B 产业的 4 单位的新增的生产，需要进一步的原材料投入（2 次诱发效应），因此，生产活动通过投入系数的作用无限延续，上述联立方程式的均衡解则是将所有直接效应和诱发效应（也称作间接效应）进行加总的结果。

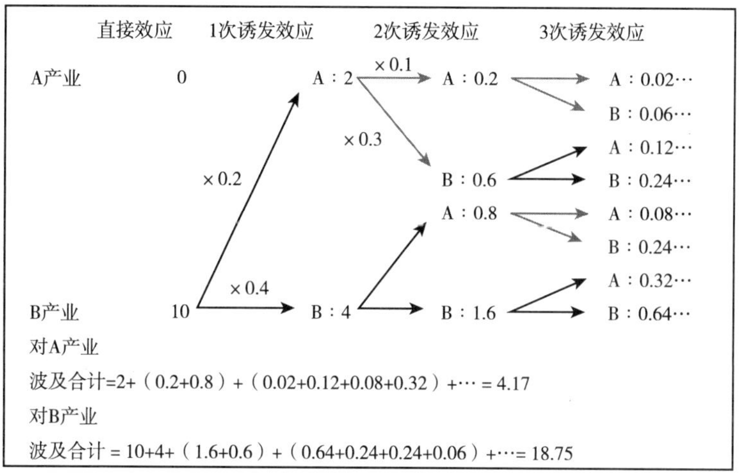

图 3－1 通过投入系数诱发的生产波及效应

（三）对 GDP 产生的波及效应

至今为止的经济波及效应是指对各产业的总产出的波及效应，并不是对 GDP 产生的波及效应。那么增加值的波及效应究竟是多少，需要测算出总产出的波及效应后，再测算各产业增加值的占比，计算新增需求对 GDP 的影响。各产业增加值的占比就是增加值率，因此首先需要计算增加值率，如表 3－2 所示：

表 3－2　　增加值率表（数值示例）

项目	A 产业	B 产业
增加值率	0.6（＝60÷100）	0.4（＝80÷200）

由于增加值率是指每单位产出的增加值，所以各产业的产出×增加值率，就是各产业的增加值，加总后就是 GDP 的增加部分，也就是增加值的波及效应。

假如 B 产业新增 10 单位，对 GDP 产生的波及效应如下所示：

$$0.6x + 0.4y = 0.6 \times \frac{25}{6} + 0.4 \times \frac{75}{4} = 2.5 + 7.5 = 10$$

B 产业增加 10 单位的最终需求所引起的 GDP 增长为 10 单位。

（四）生产波及效应的扩展及应用

最终需求的增加对就业也产生影响。根据投入产出表和与之相对应的雇佣表，就可以分析新增需求所引起的就业的波及效应。

首先，计算出单位产出的“劳动投入系数”，即将劳动投入（员工人数）除以各产业的产出（参照表3－3）。

表3－3　就业和劳动投入系数表（数值示例）

项目	A产业	B产业
员工数（人）	300	400
劳动投入系数	3（＝300÷100）	2（＝400÷200）

其次，将各产业的产出增加额×劳动投入系数，就是对就业的波及效应。B产业新增10单位需求时，根据表3－3的劳动投入的数据，可以求得就业的波及效应。

$$3x+2y=3\times\frac{25}{6}+2\times\frac{75}{4}=12.5+37.5=50\text{（人）}$$

得出就业增加了50人。

不仅限于就业，投入产出分析还广泛应用于污染及 CO_2 排放量等环境方面的相关分析。例如，用各产业的“二氧化碳排放量”替代表3－3的“从业人数”，“劳动投入系数”则成为各产业每单位 CO_2 排放量，即“CO_2 排放系数”。上文的需求增加带来的生产波及效应可以转换为 CO_2 排放量的变化，可以开展需求增加对环境的影响分析。

第二节

均衡产出模型

一、投入系数

第一节是以2部门的数据为例进行说明，导入记号可以将具体数值转换为一般化的均衡产出模型。参照第一章表1－2的封闭经济的一般投入产出表模型，各产业的总产出为 X，最终需求为 F，增加值为 V，产业间的中间交易用 x 表示，下标的数字是产业部门。由表1－2可以求出投入系数表3－4。

表 3－4　　投入系数表

部门	部门 1	…	部门 j	…	部门 n
部门 1	$a_{11}=\frac{x_{11}}{X_1}$	…	$a_{1j}=\frac{x_{1j}}{X_j}$	…	$a_{1n}=\frac{x_{1n}}{X_n}$
⋮	⋮		⋮		⋮
部门 i	$a_{i1}=\frac{x_{i1}}{X_1}$	…	$a_{ij}=\frac{x_{ij}}{X_j}$	…	$a_{in}=\frac{x_{in}}{X_n}$
⋮	⋮		⋮		⋮
部门 n	$a_{n1}=\frac{x_{n1}}{X_1}$	…	$a_{nj}=\frac{x_{nj}}{X_j}$	…	$a_{nn}=\frac{x_{nn}}{X_n}$

表 3－4 的各列是表示（纵向）各部门中，1 单位产出所需投入多少原材料，具体可由中间需求的各列部门 j 的各行的中间投入 x_{ij} 除以各列的总和 X_j 得到。表 3－4 的中间需求和中间投入的关系如下所示：

$$\boldsymbol{a_{ij}=\frac{x_{ij}}{X_j}\Rightarrow x_{ij}=a_{ij}\cdot X_j}$$

由投入系数的定义可知，中间品金额可以由投入系数和产出的乘积来表示，第一章的供需平衡式 1－1 可以变形为联立方程式 3－3 的形式：

$$\begin{cases} a_{11}X_1+\cdots+a_{1j}X_j+\cdots+a_{1n}X_n+F_1=X_1 \\ \quad\vdots \qquad\qquad \vdots \qquad\qquad \vdots \qquad \vdots \quad \vdots \\ a_{i1}X_1+\cdots+a_{ij}X_j+\cdots+a_{in}X_n+F_i=X_i \\ \quad\vdots \qquad\qquad \vdots \qquad\qquad \vdots \qquad \vdots \quad \vdots \\ a_{n1}X_1+\cdots+a_{nj}X_j+\cdots+a_{nn}X_n+F_n=X_n \end{cases} \qquad \text{式 3－3}$$

公式 3－3 说明了各产业通过投入系数，由最终需求 F_i 决定了各产业的生产水平 X_i。因此，F 是外生变量，X 是内生变量。

公式 3－3 用矩阵表示，可以用变换为公式 3－3′：

$$\begin{pmatrix} a_{11} & \cdots & a_{1j} & \cdots & a_{1n} \\ \vdots & \ddots & \vdots & \ddots & \vdots \\ a_{i1} & \cdots & a_{ij} & \cdots & a_{in} \\ \vdots & \ddots & \vdots & \ddots & \vdots \\ a_{n1} & \cdots & a_{nj} & \cdots & a_{nn} \end{pmatrix}\begin{pmatrix} X_1 \\ \vdots \\ X_j \\ \vdots \\ X_n \end{pmatrix}+\begin{pmatrix} F_1 \\ \vdots \\ F_j \\ \vdots \\ F_n \end{pmatrix}=\begin{pmatrix} X_1 \\ \vdots \\ X_j \\ \vdots \\ X_n \end{pmatrix} \qquad \text{式 3－3′}$$

在此，A 代表投入系数矩阵，X 代表各产业的产出为列向量，F 为最终需求的列向量，即，

$$A=\begin{pmatrix} a_{11} & \cdots & a_{1j} & \cdots & a_{1n} \\ \vdots & \ddots & \vdots & \ddots & \vdots \\ a_{i1} & \cdots & a_{ij} & \cdots & a_{in} \\ \vdots & \ddots & \vdots & \ddots & \vdots \\ a_{n1} & \cdots & a_{nj} & \cdots & a_{nn} \end{pmatrix},X=\begin{pmatrix} X_1 \\ \vdots \\ X_j \\ \vdots \\ X_n \end{pmatrix},F=\begin{pmatrix} F_1 \\ \vdots \\ F_j \\ \vdots \\ F_n \end{pmatrix}$$

那么，式 3－3′可以表示为：

$$AX+F=X \qquad \text{式 3－3″}$$

对 X 进行求解，得到均衡产出模型的式 3－4：

$$X-AX=F$$

$$(I-A)X=F$$

$$\therefore \quad X=(I-A)^{-1}F \qquad \text{式 3－4}$$

在此，I 代表单位矩阵，$(I-A)^{-1}$ 为逆矩阵，也称为列昂惕夫逆矩阵。

二、列昂惕夫逆矩阵

公式 3－5 从数学方面解释列昂惕夫逆矩阵和投入系数之间的关系：

$$(I-A)^{-1}=I+A+A^2+A^3+\cdots \qquad \text{式 3－5}$$

将式 3－5 代入式 3－4，得到式 3－6：

$$X=(I-A)^{-1}F=F+AF+A^2F+A^3F+\cdots \qquad \text{式 3－6}$$

公式 3－6 可以理解为：

各产业产出＝直接效应＋1 次诱发效应＋2 次诱发效应＋3 次诱发效应＋……

列昂惕夫逆矩阵体现了经过投入系数，不断产生诱发效应的过程。直接的和间接的诱发效应不断持续，将所有的诱发效应加总得到的最终结果就是列昂惕夫逆矩阵所表现的波及效应（见图 3－1）。

在此，用字母 B 代替列昂惕夫逆矩阵，那么，

$$\boldsymbol{B=(I-A)^{-1}\Rightarrow X=BF}$$

假设 j 部门发生 1 单位最终需求时（ΔF）的各产业部门的波及效应（ΔX）可以根据列昂惕夫逆矩阵来推算，公式如式 3－7 所示：

$$\Delta X=B\cdot\Delta F=\begin{pmatrix} b_{11} & \cdots & b_{1j} & \cdots & b_{1n} \\ \vdots & & \vdots & & \vdots \\ b_{i1} & \cdots & b_{ij} & \cdots & b_{in} \\ \vdots & & \vdots & & \vdots \\ b_{n1} & \cdots & b_{nj} & \cdots & b_{nn} \end{pmatrix}\begin{pmatrix} 0 \\ \vdots \\ 1 \\ \vdots \\ 0 \end{pmatrix}=\begin{pmatrix} b_{1j} \\ \vdots \\ b_{ij} \\ \vdots \\ b_{nj} \end{pmatrix} \qquad \text{式 3－7}$$

也就是逆矩阵的 j 列。逆矩阵中的各要素 b_{ij} 反映的是对于 j 部门的 1 单位最终需求，对 i 部门产生多少生产诱发效应。

因此，列昂惕夫逆矩阵系数就是某个部门新增 1 单位最终需求时，该部门为了满足新增需求进行生产时，通过原材料和服务等投入诱发了其他部门生产量的指标。也就是反映直接和间接的生产波及效应大小的系数。如果计算出逆矩阵系数，无须对联立方程式 3－2 进行求解，就可知某个部门最终需求的增量所对应的各部门生产额。

根据表 1－2 封闭经济的投入产出表模型的数值计算出逆矩阵系数，如表 3－5 所示。

表 3－5　　逆矩阵系数表（数值例）

产业	A 产业	B 产业
A 产业	1.250	0.417
B 产业	0.625	1.875
列和	1.875	2.292

如果表 1－2 中的 A 产业增加 1 单位最终需求时，那么 A 产业增加 1.25 单位投入，B 产业增加 0.625 单位投入，总共增加了 1.875 单位的生产。当 B 产业新增 10 单位的最终需求时，那么第 2 列 B 产业的逆矩阵系数分别乘以 10 就可以得出答案。

三、影响力系数和感应度系数

根据逆矩阵系数能够反映波及效应的特性，可以通过反映各产业的逆矩阵系数与整体的系数之间关系的影响力系数和感应度系数来分析各产业部门的特性。

$$影响力系数 = \frac{逆矩阵的列和}{逆矩阵列和的平均} = \frac{\sum_{i=1}^{n} b_{ij}}{\frac{1}{n}\sum_{j=1}^{n}\sum_{i=1}^{n} b_{ij}}$$

$$感应度系数 = \frac{逆矩阵的行和}{逆矩阵行和的平均} = \frac{\sum_{i=1}^{n} b_{ij}}{\frac{1}{n}\sum_{j=1}^{n}\sum_{i=1}^{n} b_{ij}}$$

列昂惕夫逆矩阵的列和表示的是当某一产业产生一单位的最终需求时，对整体经济的波及效应的大小。影响力系数是将各部门的逆矩阵的列和除以列和的平均，就是某产业的列和与整体平均值进行比较的系数。因此，该系数大于 1 时，表示该产业的最终需求增加 1 个单位时，对经济整体的波及效应大于所有产业的平均，说明该产业部门对经济的影响相对较大，小于 1 时，情形相反，表示该产业部门对经济的影响相对较小。

另外，感应度系数是逆矩阵的行和与平均值相比较的系数。当所有产业部门都产生1单位最终需求时，各产业所受波及效应的大小是逆矩阵的行和。因此，该系数大于1的部门感应力较高，表示从各产业所受波及效应大于平均值，说明容易受到其他产业的繁荣或萧条的影响，会因其他产业的萧条受较大打击。感应度系数在现实中是否存在现实意义也是值得探讨的问题。由于所有产业产生相同的最终需求在现实中不可能存在，因此，感应力系数不如影响力系数那样具有实际意义。之后出现了将最终需求的构成比作权重计算感应度系数的改进方案。

表3－6是利用表3－5的列昂惕夫逆矩阵系数表算出的影响力系数和感应度系数。在此例中，可以明确B产业的影响力系数和而且感应度系数均大于1，高于平均值，说明无论是影响力还是感应度，B产业都高于平均值。

表3－6　　　　影响力系数和感应度系数（数值例）

产业	影响力系数	感应度系数
A产业	0.9	0.8
B产业	1.1	1.2

四、均衡价格模型

到现在为止，讨论了投入产出表的横向供求平衡决定各产业生产水平的均衡产出模型。以下再次利用表1－1的数据，关注投入产出表的纵向关系。投入产出表的纵向反映了产业的成本结构，各产业存在以下平衡关系：

中间投入＋增加值＝总产出

可以表示为公式3－8：

$$\begin{cases} x_{11} + \cdots + x_{i1} + \cdots + x_{n1} + V_1 = X_1 \\ \vdots \qquad\quad \vdots \qquad\quad \vdots \quad\ \vdots \quad\ \vdots \\ x_{1j} + \cdots + x_{ij} + \cdots + x_{nj} + V_j = X_j \\ \vdots \qquad\quad \vdots \qquad\quad \vdots \quad\ \vdots \quad\ \vdots \\ x_{1n} + \cdots + x_{in} + \cdots + x_{nn} + V_n = X_n \end{cases} \qquad \text{式3－8}$$

各产业的生产价格是由投入生产的各生产要素及其价格决定的，而这些生产要素的价格会由于各种因素的变化而发生变化，例如，生产所需原材料等中间投入，可能会因为世界原油价格的上升而上升，或者会因为某种技术革新引起原材料价格迅速下降。另外，增加值组成部分的雇佣者工资上涨，或者消费税、企业税等可能增加。

如果生产要素价格发生改变，那么生产成本也会改变，作为反映各产业的生产成本的生产价格也会发生变化。生产价格的变动可能进一步引发以这些产业为原材料的其他诸产业价格的变动，最终导致价格连锁反应（波及效应）的发生。各产业的价格最终将产生多大的变动，可以通过均衡价格模型来进行讨论。

（一）增加值各要素价格变动

首先，来看增加值的组成部分中某个要素发生变动的情形。

通常各国发布的投入产出表的基本流量表是当期价格表示的价值表，表中的数值为金额，那么，金额 = 价格 × 数量。

将流量表中的各部门的金额表示的数值，替换为价格 × 数量，假设各产业的产量为 Q_j，产业间的中间交易数量为 q_{ij}，变动前的增加值为 V_j^0，各产业的价格为 P_j^0，那么，

$$\boldsymbol{X_j = P_j^0 Q_j,\ x_{ij} = P_j^0 q_{ij}}$$

公式 3 - 8 可以变形为：

$$\begin{cases} P_1^0 q_{11} + \cdots + P_i^0 q_{i1} + \cdots + P_n^0 q_{n1} + V_1^0 = P_1^0 Q_1 \\ \quad\vdots \qquad\qquad \vdots \qquad\qquad \vdots \qquad \vdots \qquad \vdots \\ P_1^0 q_{1j} + \cdots + P_i^0 q_{ij} + \cdots + P_n^0 q_{nj} + V_j^0 = P_j^0 Q_j \\ \quad\vdots \qquad\qquad \vdots \qquad\qquad \vdots \qquad \vdots \qquad \vdots \\ P_1^0 q_{1n} + \cdots + P_i^0 q_{in} + \cdots + P_n^0 q_{nn} + V_n^0 = P_n^0 Q_n \end{cases} \qquad \text{式 3 - 9}$$

由于某种原因引起增加值发生变动，设变动后的增加值为 V_j^t，与变动后的增加值相对应，各产业的均衡价格为 P_j^t。

$$\boldsymbol{\because \quad V_j^0 \Rightarrow V_j^t \quad \therefore \quad P_j^0 \Rightarrow P_j^t}$$

增加值的变动将导致生产成本发生改变，价格也随之变化。变动后各产业的收支平衡如公式 3 - 10 所示：

$$\begin{cases} P_1^t q_{11} + \cdots + P_i^t q_{i1} + \cdots + P_n^t q_{n1} + V_1^t = P_1^t Q_1 \\ \quad\vdots \qquad\qquad \vdots \qquad\qquad \vdots \qquad \vdots \qquad \vdots \\ P_1^t q_{1j} + \cdots + P_i^t q_{ij} + \cdots + P_n^t q_{nj} + V_j^t = P_j^t Q_j \\ \quad\vdots \qquad\qquad \vdots \qquad\qquad \vdots \qquad \vdots \qquad \vdots \\ P_1^t q_{1n} + \cdots + P_i^t q_{in} + \cdots + P_n^t q_{nn} + V_n^t = P_n^t Q_n \end{cases} \qquad \text{式 3 - 10}$$

在此，导入价格变动前和变动后的比率 p_i，

$$p_i = \frac{P_i^t}{P_i^0} \Rightarrow P_i^t = p_i \cdot P_i^0$$

变动后的价格 P_i^t 可以用价格变动比 p_i 和变动前的价格 P_i^0 乘积表示，公式 3－10 可以表示为：

$$\begin{cases} p_1 P_1^0 q_{11} + \cdots + p_i P_i^0 q_{i1} + \cdots + p_n P_n^0 q_{n1} + V_1^t = p_1 P_1^0 Q_1 \\ \vdots \\ p_1 P_1^0 q_{1j} + \cdots + p_i P_i^0 q_{ij} + \cdots + p_n P_n^0 q_{nj} + V_j^t = p_j P_j^0 Q_j \\ \vdots \\ p_1 P_1^0 q_{1n} + \cdots + p_i P_i^0 q_{in} + \cdots + p_n P_n^0 q_{nn} + V_n^t = p_n P_n^0 Q_n \end{cases} \quad \text{式 } 3-11$$

由于变动前的价格 P_i^0 和数量的乘积是价格变动前的金额，那么，公式 3－11 可以改写为以下公式：

$$\begin{cases} p_1 x_{11} + \cdots + p_i x_{i1} + \cdots + p_n x_{n1} + V_1^t = p_1 X_1 \\ \vdots \\ p_1 x_{1j} + \cdots + p_i x_{ij} + \cdots + p_n x_{nj} + V_j^t = p_j X_j \\ \vdots \\ p_1 x_{1n} + \cdots + p_i x_{in} + \cdots + p_n x_{nn} + V_n^t = p_n X_n \end{cases} \quad \text{式 } 3-12$$

将公式 3－12 的两边分别除以 X_j，进一步得到以下 1 次联立方程：

$$\begin{cases} p_1 a_{11} + \cdots + p_i a_{i1} + \cdots + p_n a_{n1} + v_1^t = p_1 \\ \vdots \\ p_1 a_{1j} + \cdots + p_i a_{ij} + \cdots + p_n a_{nj} + v_j^t = p_j \\ \vdots \\ p_1 a_{1n} + \cdots + p_i a_{in} + \cdots + p_n a_{nn} + V_n^t = p_n \end{cases} \quad \text{式 } 3-13$$

在此，v_j^t 是变动后的增加值 V_j^t 除以各产业的产出 X_j 后的增加值率，即，

$$v_j^t = \frac{V_j^t}{X_i}$$

增加值发生变化时，增加值率 v_j^t 作为外生变量，即使不知道各产业的价格变动前和后的价格，也可以从联立方程式中求出作为内生变量的各产业的价格变动的比率 p_i。

用矩阵表示联立方程式 3－13，可以写成以下形式：

$$\begin{pmatrix} a_{11} & \cdots & a_{i1} & \cdots & a_{n1} \\ \vdots & & \vdots & & \vdots \\ a_{1j} & \cdots & a_{ij} & \cdots & a_{nj} \\ \vdots & & \vdots & & \vdots \\ a_{1n} & \cdots & a_{in} & \cdots & a_{nn} \end{pmatrix} \begin{pmatrix} p_1 \\ \vdots \\ p_i \\ \vdots \\ p_n \end{pmatrix} + \begin{pmatrix} v_1^t \\ \vdots \\ v_j^t \\ \vdots \\ v_n^t \end{pmatrix} = \begin{pmatrix} p_1 \\ \vdots \\ p_j \\ \vdots \\ p_n \end{pmatrix} \qquad \text{式 } 3-13'$$

公式 3－13′与均衡产出模型的公式 3－3′进行比较，可以发现系数的矩阵与均衡产出模型的矩阵不同，公式 3－13′的投入系数矩阵是公式 3－3′转置后的矩阵。

设价格变动比的列向量为 p，新的增加值率的列向量为 v^t，具体如下：

$$A' = \begin{pmatrix} a_{11} & \cdots & a_{i1} & \cdots & a_{n1} \\ \vdots & & \vdots & & \vdots \\ a_{1j} & \cdots & a_{ij} & \cdots & a_{nj} \\ \vdots & & \vdots & & \vdots \\ a_{1n} & \cdots & a_{in} & \cdots & a_{nn} \end{pmatrix} \quad p = \begin{pmatrix} p_1 \\ \vdots \\ p_i \\ \vdots \\ p_n \end{pmatrix} \quad v^t = \begin{pmatrix} v_1^t \\ \vdots \\ v_j^t \\ \vdots \\ v_n^t \end{pmatrix}$$

那么，公式 3－13′可以表示为：

$$A'p + v^t = p \qquad \text{式 } 3-13''$$

对 p 进行求解，可以得到以下的均衡价格模型：

$$p - A'p = v^t$$

$$(I - A)p = v^t$$

$$\therefore \quad \boldsymbol{p} = (\boldsymbol{I} - \boldsymbol{A}')^{-1}\boldsymbol{v}^t = [(\boldsymbol{I} - \boldsymbol{A})^{-1}]'\boldsymbol{v}^t \qquad \text{式 } 3-14$$

也就是说，均衡产出模型导出的列昂惕夫逆矩阵 $(I - A)^{-1}$ 转置后，可以使用在均衡价格模型中。

以表 3－1 投入产出表的数值为例，来看增加值变动带来的波及效应。

假设，由于某种原因，B 产业的增加值为由 80 增加到 100，

$$\because \quad \text{增加值} \quad V^0 = \begin{pmatrix} 60 \\ 80 \end{pmatrix} \Longrightarrow V'\begin{pmatrix} 60 \\ 100 \end{pmatrix}$$

$$\therefore \quad \text{增加值率} \quad v^0 = \begin{pmatrix} 0.6 \\ 0.4 \end{pmatrix} \Longrightarrow v^t = \begin{pmatrix} 0.6 \\ 0.5 \end{pmatrix}$$

$$\begin{pmatrix} p_1 \\ p_2 \end{pmatrix} = \begin{pmatrix} b_{11} & b_{21} \\ b_{12} & b_{22} \end{pmatrix}\begin{pmatrix} v_1^t \\ v_2^t \end{pmatrix} = \begin{pmatrix} 1.250 & 0.625 \\ 0.417 & 1.875 \end{pmatrix}\begin{pmatrix} 0.6 \\ 0.5 \end{pmatrix} = \begin{pmatrix} 1.063 \\ 1.188 \end{pmatrix}$$

由以上的计算结果可知，A 产业的物价上涨 6.3%，B 产业的物价上涨 18.8%。

如果式 3－14 中，外生变量的增加值率的变动为 Δv_j^t，那么求得的均衡解就是价格的

上涨幅度 Δp_j^t。

$$\Delta p = (I - A')^{-1}\Delta v^t = [(I - A)^{-1}]'\Delta v^t \quad \text{式 } 3-15$$

在此，$\Delta v_j^t = \dfrac{V_j^t - V_j^0}{X_j}$ $\quad \Delta p_j^t = \dfrac{P_j^t - P_j^0}{P_j}$

如果将公式 3－5 代入上式 3－15，则有：

$$\Delta p = (I - A')^{-1}\Delta v^t = \Delta v^t + A'\Delta v^t + (A^2)'\Delta v^t + (A^3)'\Delta v^t + \cdots \quad \text{式 } 3-16$$

公式 3－16 体现出价格波及效应的整个过程，也就是最初的增加值率的变动，与生产的波及效应同样，通过投入系数一次又一次产生诱发效应，最终达到均衡状态的价格。

另外，也可以把公式 3－13 的矩阵用以下方程式表示：

$$p'A + (v^t)' = p'$$

$$\therefore \quad p' = (v^t)'(I - A)^{-1} \quad \text{式 } 3-16'$$

（二）原材料价格的变动

在内生部门（中间投入）中，某种商品（物品或服务）的价格发生变动，会对各产业价格产生波及效应。石油价格变动产生的波及效应就是非常典型的例子。石油是现代经济中必不可少的生产原料及生活必需品，石油价格由世界市场价格决定，并非是由某一国家所能操控的。迄今为止石油有过几次价格飞涨，战争对石油价格产生的影响尤为巨大。石油价格上涨导致石油相关产业的生产成本上升，成本上升进一步推动商品价格上升，这种价格的连锁反应不断扩大。

在这种情况下，可以将石油部门从内生部门转变为外生部门，采用与上文的增加值变动几乎相同的方法导出均衡价格模型。

将石油部门作为第 n 部门，石油价格的前后变动之比为 β，将增加值变动时的收支平衡式 3－13 进行替换，石油价格变动时的收支平衡式可以用公式 3－17 表示：

$$\begin{cases} p_1 a_{11} + \cdots + p_i a_{i1} + \cdots + p_{n-1} a_{n-1,1} + \beta a_{n1} + v_1 = p_1 \\ \quad \vdots \qquad\qquad \vdots \qquad\qquad \vdots \qquad\qquad \vdots \qquad \vdots \qquad \vdots \\ p_1 a_{1j} + \cdots + p_i a_{ij} + \cdots + p_{n-1} a_{n-1,j} + \beta a_{nj} + v_j = p_j \\ \quad \vdots \qquad\qquad \vdots \qquad\qquad \vdots \qquad\qquad \vdots \qquad \vdots \qquad \vdots \\ p_1 a_{1,n-1} + \cdots + p_i a_{i,n-1} + \cdots + p_{n-1} a_{n-1,n-1} + \beta a_{n,n-1} + v_{n-1} = p_{n-1} \end{cases} \quad \text{式 } 3-17$$

如果公式 3－17 用矩阵形式表示，可以变形为以下形式：

$$\begin{pmatrix} a_{11} & \cdots & a_{i1} & \cdots & a_{n-1,1} \\ \vdots & & \vdots & & \vdots \\ a_{1j} & \cdots & a_{ij} & \cdots & a_{n-1,j} \\ \vdots & & \vdots & & \vdots \\ a_{1,n-1} & \cdots & a_{i,n-1} & \cdots & a_{n-1,n-1} \end{pmatrix} \begin{pmatrix} p_1 \\ \vdots \\ p_i \\ \vdots \\ p_{n-1} \end{pmatrix} + \beta \begin{pmatrix} a_{n1} \\ \vdots \\ a_{nj} \\ \vdots \\ a_{n,n-1} \end{pmatrix} + \begin{pmatrix} v_1 \\ \vdots \\ v_j \\ \vdots \\ v_{n-1} \end{pmatrix} = \begin{pmatrix} p_1 \\ \vdots \\ p_j \\ \vdots \\ p_{n-1} \end{pmatrix} \qquad \text{式 } 3-17'$$

石油部门以外的 $n-1$ 部门投入系数矩阵为 C，石油部门的投入系数列向量为 s，除了石油部门以外的各产业部门的增加值率的列向量为 v，石油价格上涨 β 倍时的其他产业部门的价格变动比例为列向量 p，具体如下所示：

$$C' = \begin{pmatrix} a_{11} & \cdots & a_{i1} & \cdots & a_{n-1,1} \\ \vdots & & \vdots & & \vdots \\ a_{1j} & \cdots & a_{ij} & \cdots & a_{n-1,j} \\ \vdots & & \vdots & & \vdots \\ a_{1,n-1} & \cdots & a_{i,n-1} & \cdots & a_{n-1,n-1} \end{pmatrix}, s = \begin{pmatrix} a_{n1} \\ \vdots \\ a_{nj} \\ \vdots \\ a_{n,n-1} \end{pmatrix}, v = \begin{pmatrix} v_1 \\ \vdots \\ v_j \\ \vdots \\ v_{n-1} \end{pmatrix}, p = \begin{pmatrix} p_1 \\ \vdots \\ p_j \\ \vdots \\ p_{n-1} \end{pmatrix}$$

公式 3－17′可以写为：

$$C'p + \beta s + v = p \qquad \text{式 } 3-17''$$

对 p 进行求解，就可以得到石油价格变动时的均衡价格模型。

$$p - C'p = \beta s + v$$

$$(I - C')p = \beta s + v$$

$$\therefore \quad p = (I - C')^{-1}(\beta s + v) \qquad \text{式 } 3-18$$

或者 $p' = (\beta s' + v')(I - C)^{-1}$ 　式 3－18′

（三）均衡价格模型的意义和局限性

对公式 3－9，公式 3－10 和公式 3－11 进行比较，可以看出均衡价格模型是以数量恒定为前提，另外，如公式 3－16 所示，增加值率的变化产生的价格波及效应，就是生产成本的增减通过投入系数转嫁到产品价格上的反映。因此均衡价格模型对价格变动的分析，并非现实中实际发生的价格变动。

在微观经济学中，价格是由供求关系决定的，特别是在短期和中期，可以说价格与市场需求和供给有着很大关系，也就是通常所说的需求和供给决定价格。但是从企业层面来看，生产成本也是决定价格的重要因素。利用均衡价格模型进行的价格分析完全不考虑需求和供给的因素，仅仅考虑成本因素对价格的决定。

另外，关于对于生产成本上升引起的价格转嫁，可能在实际的商品交易过程中由于各种各样的阻碍因素难以真正实现。现实中企业进行定价时，可能由于考虑到市场以及与客户之间的关系，生产成本上涨的一部分或者全部并不能转嫁到产品价格上，特别是公共物品及服务成本增加时，很多情况下并不能马上对价格进行调整。

因此，由均衡价格模型算出的价格变动，并不能当作现实中价格变动，而是可以作为分析整体价格可能发生变动的参考指标来使用。例如，20 世纪 70 年代初发生石油冲击时，物价上升的程度超过均衡价格计算的程度。在这种情况下，可以用于分析价格上涨时除了成本以外的人为因素对价格造成的影响。另外，日本在 2000 年之后，由于经济增长的停滞，市场需求低迷，上升的生产成本无法反映在产品价格之上。在这种情况下，可以利用计算出的均衡价格和现实价格的差距来进行企业利润和劳动报酬受到的影响等分析。

投入产出表的列向数据不仅可以用于均衡价格模型，还经常被用于成本结构及生产率等方面的分析。

投入产出分析就是由横向和纵向的两个方向的分析组成。大致分为，从横向的供需平衡导出均衡产出模型，从列向的收支平衡导出均衡价格模型的两种分析模式。由于均衡价格模型存在上述的局限性，因此，投入产出分析更多是以均衡产出模型为中心展开。

第四章　经济波及效应的分析

——开放经济条件下

第三章是封闭经济条件下的经济波及效应分析，是未考虑进出口情形下的投入产出分析的基本模型。而在现实经济中，作为需求方的最终需求除了包括消费、投资等国内最终需求以外，还需要加上来自海外的需求，也就是通常所说的出口；作为供给方，除了国内生产的商品和服务等供给外，需要再加上海外的供给，也就是从海外进口的商品及服务。本章讨论在开放经济条件下，通过加上进口和出口的均衡产出模型进行的经济波及效应分析。

根据对投入的不同处理方式，投入产出表分为竞争进口型和非竞争进口型两种类型。基于不同类型的投入产出表，分析模型也略有不同。另外，对公共事业等新增需求带来的经济波及效应的分析时，不仅要顾及原材料所产生的生产波及效应，还要考虑由于生产扩大而导致的收入增加，由此带来消费的增加而产生的波及效应等。

第一节

非竞争进口型投入产出表的分析模型

一、投入系数

非竞争进口型投入产出表的内生部门可分为国内产品和进口产品，因此，投入系数分为国内产品的投入系数和进口品的投入系数两部分，表示生产 1 个单位产品所必需的国产原材料和进口原材料分别占多少比例。参照第二章的非竞争进口型投入产出表（见表2－4），将国内产品的中间投入 x_{ij}^d 和进口产品的中间投入 x_{ij}^m，分别与该列部门的国内生产总额 X_j 相除可以得到国内产品的投入系数和进口产品的投入系数，如下所示：

国内产品的投入系数： $$a_{ij}^d = \frac{x_{ij}^d}{X_j} \quad \Rightarrow \quad x_{ij}^d = a_{ij}^d \cdot X_j$$

进口产品的投入系数： $$a_{ij}^m = \frac{x_{ij}^m}{X_j} \quad \Rightarrow \quad x_{ij}^m = a_{ij}^m \cdot X_j$$

二、均衡产出模型

由投入系数的定义可知，中间需求可由各部门的国内生产总额与各部门的国内产品和进口产品的投入系数相乘的形式表现，由国产的供需平衡关系（参照公式 1－3）可以得到联立方程公式 4－1：

$$\begin{cases} a_{11}^d X_1 + \cdots + a_{1n}^d X_1 + F_1^d = X_1 \\ \vdots \qquad\qquad \vdots \qquad \vdots \qquad \vdots \\ a_{n1}^d X_1 + \cdots + a_{nn}^d X_n + F_n^d = X_n \end{cases} \qquad \text{式 4－1}$$

另外，用矩阵的形式表示公式 4－1，可以表示为：

$$\begin{pmatrix} a_{11}^d & \cdots & a_{1n}^d \\ \vdots & & \vdots \\ a_{n1}^d & \cdots & a_{nn}^d \end{pmatrix}\begin{pmatrix} X_1 \\ \vdots \\ X_n \end{pmatrix} + \begin{pmatrix} F_1^d \\ \vdots \\ F_n^d \end{pmatrix} = \begin{pmatrix} X_1 \\ \vdots \\ X_n \end{pmatrix} \qquad \text{式 4－1}'$$

在此，国内产品投入系数的矩阵为 A^d，国内生产额的列向量为 X，国内产品最终需求的列向量为 F^d，即，

$$A^d = \begin{pmatrix} a_{11}^d & \cdots & a_{1n}^d \\ \vdots & & \vdots \\ a_{n1}^d & \cdots & a_{nn}^d \end{pmatrix}, X = \begin{pmatrix} X_1 \\ \vdots \\ X_n \end{pmatrix}, F^d = \begin{pmatrix} F_1^d \\ \vdots \\ F_n^d \end{pmatrix}$$

那么，国内产品的供需平衡公式可以表示为：

$$A^d X = F^d = X \qquad \text{式 4－1}''$$

对 X 进行求解，可以求出以下的均衡产出模型：

$$X - A^d X = F^d$$

$$(I - A^d)X = F^d$$

$$\therefore \quad \boldsymbol{X} = (\boldsymbol{I} - \boldsymbol{A}^d)^{-1}\boldsymbol{F}^d \qquad \text{式 } 4-2$$

此模型与第三章的封闭经济中的均衡产出模型非常相似，此模型的外生变量 F^d 是国内产品的最终需求。如果是进口品的消费和投资，就归属于 F^m，对国内生产总额不会产生任何影响。另外，逆矩阵（$I - A^d$）$^{-1}$同样表示经济波及效应，但是，此处的 A^d 所指的中间投入是指国内产品的中间投入，因此，波及效应也仅限于对国内生产的波及效应。

三、非竞争进口型投入产出表的特点和不足

非竞争进口型投入产出表体现了国内产品和进口产品的供需结构，是对国产品和进口产品及服务的流动进行了详细记录的统计表。编制非竞争进口型投入产出表时需要大量的信息和基础数据，而且编表的难度非常高。中国仅编制了 2017 年、2018 年和 2020 年 42 部门的非竞争进口型投入产出表而且是根据一定系数比例编制而成。日本由于统计基础资料丰富，而且日本经济的对外依存度非常高，重视贸易结构方面的分析，因此在编制基本流量表的同时根据进出口数据编制了非竞争进口型投入产出表。目前绝大多数国家都未进行此项工作。

非竞争进口型投入产出表适用于分析编表年份的经济和贸易结构，但在进行经济预测及分析各类事件引起的经济波及效应时，就无法利用此模型。由于各产业部门的中间投入所使用的国内产品和进口产品的比例并不稳定，往往受到国内产品和进口产品相对价格变动的影响，因此，国内产品的投入系数 A^d 并非稳定的系数，无法用于经济预测等分析。

第二节

竞争进口型投入产出表的分析模型

一、竞争进口型投入产出表的供需平衡

竞争进口型投入产出表与封闭经济的情形相同，投入系数是各列部门的中间投入（在此处的中间投入不仅包括国内产品，还包括生产中使用的进口品）除以其国内生产额的值。

$$\boldsymbol{a_{ij}=\frac{x_{ij}}{X_j} \quad \Rightarrow \quad x_{ij}=a_{ij}\cdot X_j}$$

表1－6是竞争进口型投入产出模型，如果采用投入系数来表现产业间的中间投入，表1－6的国内的供需平衡可以由以下联立方程4－3表示：

$$\begin{cases} a_{11}X_1 + \cdots + a_{1n}X_n + F_1 + E_1 - M_1 = X_1 \\ \vdots \qquad\qquad \vdots \quad \vdots \quad \vdots \quad \vdots \quad \vdots \\ a_{n1}X_1 + \cdots + a_{nn}X_n + F_n + E_n - M_n = X_n \end{cases} \tag{式4－3}$$

另外，公式4－3可用式4－3′的矩阵形式表示：

$$\begin{pmatrix} a_{11} & \cdots & a_{1n} \\ \vdots & \ddots & \vdots \\ a_{n1} & \cdots & a_{nn} \end{pmatrix}\begin{pmatrix} X_1 \\ \vdots \\ X_n \end{pmatrix}+\begin{pmatrix} F_1 \\ \vdots \\ F_n \end{pmatrix}+\begin{pmatrix} E_1 \\ \vdots \\ E_n \end{pmatrix}-\begin{pmatrix} M_1 \\ \vdots \\ M_n \end{pmatrix}=\begin{pmatrix} X_1 \\ \vdots \\ X_n \end{pmatrix} \tag{式4－3′}$$

在此，将投入系数的矩阵用 A 表示，国内生产额的列向量为 X，国内最终需求的列向量为 F，出口的列向量为 E，进口的列向量为 M，如下所示：

$$A=\begin{pmatrix} a_{11} & \cdots & a_{1n} \\ \vdots & \ddots & \vdots \\ a_{n1} & \cdots & a_{nn} \end{pmatrix}, X=\begin{pmatrix} X_1 \\ \vdots \\ X_n \end{pmatrix}, F=\begin{pmatrix} F_1 \\ \vdots \\ F_n \end{pmatrix}, E=\begin{pmatrix} E_1 \\ \vdots \\ E_n \end{pmatrix}, M=\begin{pmatrix} M_1 \\ \vdots \\ M_n \end{pmatrix}$$

那么，国内的供需平衡式可以表示为式4－3″：

$$\boldsymbol{AX+F+E-M=X} \tag{式4－3″}$$

二、进口外生型均衡产出模型

根据供需均衡式4－3″求解 X，可以得出以下均衡产出模型：

$$X-AX=F+E-M$$

$$(I-A)X=F+E-M$$

$$\therefore \quad \boldsymbol{X=(I-A)^{-1}(F+E-M)} \tag{式4－4}$$

此模型的 $(I-A)^{-1}$ 逆矩阵同样表示的是经济波及效应，但是由于此处的中间投入 A 包含了进口中间品，因此，波及效应不仅包括对国内生产的波及效应，对国外的生产波及效应也包含在内。

另外，由于进口 M 与最终需求（国内最终需求 F 和出口 E）均由外在要素决定（外生变量），因此，也称作进口外生型模型。但是，除了特别情况外，一般认为进口是由国内的生产和消费所诱发，通常被认为是由内在因素决定的，因此，此模型也较少应用于生产波及效应的分析。

三、进口内生型均衡产出模型

以下讨论将进口由外生变量转换为内生变量后的进口内生型均衡产出模型。在此，假设进口 M 的多少由国内需求（中间需求 AX + 国内最终需求 F）所决定，进口系数 m 是进口在国内需求中的占比。那么，

$$\text{进口系数}=\frac{\text{进口}}{\text{国内需求}}=\frac{\text{进口}}{\text{中间需求}+\text{国内最终需求}}$$

根据表 1－5 的数值计算出以下的进口系数：

$$\begin{pmatrix} m_1 \\ m_2 \end{pmatrix}=\begin{pmatrix} \dfrac{30}{8+48+35+9} \\ \dfrac{44}{24+96+55+45} \end{pmatrix}=\begin{pmatrix} 0.3 \\ 0.2 \end{pmatrix}$$

第 i 行的进口系数 m_i 如式 4－5 所示：

$$m_i=\frac{M_i}{a_{i1}X_1+\cdots+a_{in}X_n+Y_i}$$

$$\Downarrow$$

$$M_i=m_i(a_{i1}+\cdots+a_{in}X_n+F_i) \qquad \text{式 } 4-5$$

由进口系数的定义可知，进口可以表示为进口系数和国内需求乘积。各部门的进口如果用矩阵表示，就变形为以下公式：

$$\begin{pmatrix} M_1 \\ \vdots \\ M_n \end{pmatrix}=\begin{pmatrix} m_1 & 0 & 0 \\ 0 & \ddots & 0 \\ 0 & 0 & m_n \end{pmatrix}\begin{pmatrix} a_{11} & \cdots & a_{1n} \\ \vdots & \ddots & \vdots \\ a_{n1} & \cdots & a_{nn} \end{pmatrix}\begin{pmatrix} X_1 \\ \vdots \\ X_n \end{pmatrix}+\begin{pmatrix} F_1 \\ \vdots \\ F_n \end{pmatrix} \qquad \text{式 } 4-6$$

在此，对角矩阵设 $\hat{M}$ 的对角要素为进口系数 m_i，非对角要素全部为 0，即，

$$\hat{M}=\begin{pmatrix} m_1 & 0 & 0 \\ 0 & \ddots & 0 \\ 0 & 0 & m_n \end{pmatrix}$$

公式 4－6 可以改写为式 4－6′的形式：

$$M=\hat{M}(AX+F) \qquad \text{式 } 4-6'$$

将 4－6′式代入公式 4－3″，则变形为式 4－7：

$$AX+F+E-\hat{M}(AX+F)=X \qquad \text{式 } 4-7$$

将式 4－7 进行整理，得到进口内生型的供需平衡式 4－8：

$$(I-\hat{M})AX+(I-\hat{M})F+E=X \qquad \text{式 4－8}$$

对 X 进行求解，得出以下的进口内生型均衡产出模型：

$$\boldsymbol{X}=[\boldsymbol{I}-(\boldsymbol{I}-\hat{\boldsymbol{M}})\boldsymbol{A}]^{-1}[(\boldsymbol{I}-\hat{\boldsymbol{M}})\boldsymbol{F}+\boldsymbol{E}] \qquad \text{式 4－9}$$

此模型的外生变量只有国内最终需求 F 和出口 E，没有了进口。此模型的国内生产额 X 由国内最终需求 F 和出口 E 决定。

式 4－9 中的 $(I-\hat{M})$ 是对角要素为自给率 $1-m_i$，其他非对角要素全部为 0 的对角矩阵，表示为：

$$I-\hat{M}=\begin{pmatrix} 1-m_i & 0 & 0 \\ 0 & \ddots & 0 \\ 0 & 0 & 1-m_n \end{pmatrix}$$

自给率就是国内产品占国内需求的比率，自给率与进口率相加为 1，即，

$$\textbf{自给率}=\frac{\textbf{国内产品}}{\textbf{国内需求}}=\frac{\textbf{国内产品}}{\textbf{中间需求}+\textbf{国内最终需求}}=\textbf{1}-\textbf{进口系数}$$

公式 4－9 中 $(I-\hat{M})A$ 是将包含进口品在内的投入系数乘以各部门的自给率 $1-m_i$ 的值，是国内产品的投入系数。

$$(I-\hat{M})A=\begin{pmatrix} 1-m_1 & & 0 \\ & \ddots & \\ 0 & & 1-m_n \end{pmatrix}\begin{pmatrix} a_{11} & \cdots & a_{in} \\ \vdots & & \vdots \\ a_{n1} & \cdots & a_{nn} \end{pmatrix}$$

$$=\begin{pmatrix} (1-m_1)a_{11} & \cdots & (1-m_1)a_{1n} \\ \vdots & & \vdots \\ (1-m_n)a_{n1} & \cdots & (1-m_n)a_{nn} \end{pmatrix}$$

根据第一章的表 1－5 的数值进行计算，可以得到以下的结果：

$$(I-\hat{M})A=\begin{pmatrix} 1-0.3 & 0 \\ 0 & 1-0.2 \end{pmatrix}\begin{pmatrix} 0.1 & 0.2 \\ 0.3 & 0.4 \end{pmatrix}$$

$$=\begin{pmatrix} 0.7\times 0.1 & 0.7\times 0.2 \\ 0.8\times 0.3 & 0.8\times 0.4 \end{pmatrix}=\begin{pmatrix} 0.70 & 0.14 \\ 0.24 & 0.32 \end{pmatrix}$$

$$\therefore \quad (\boldsymbol{I}-\hat{\boldsymbol{M}})\ \boldsymbol{A}\approx \boldsymbol{A}^d$$

因此，$(I-\hat{M})A$ 与由非竞争进口型投入产出表中求得的国内产品投入系数矩阵 A^d 的含义相同，均表示国内产品的投入系数。A^d 是投入产出表编表当年实际的国内产品的投入系数，而

$(I-\hat{M})A$ 是在相同产业部门的各需求项目的自给率相同的假设前提之下计算得出的值。

同样，由于消费及投资等国内最终需求 Y 中也包括进口品，因此，$(I-\hat{M})F$ 是由国内最终需求 F 乘以自给率 $1-m_i$，表示国内最终需求中国内产品的部分。

$$(I-\hat{M})F = \begin{pmatrix} 1-m_1 & 0 & 0 \\ 0 & \ddots & 0 \\ 0 & 0 & 1-m_n \end{pmatrix} \begin{pmatrix} F_1 \\ \vdots \\ F_n \end{pmatrix} = \begin{pmatrix} (1-m_1)F_1 \\ \vdots \\ (1-m_n)F_n \end{pmatrix}$$

另外，由于出口在定义上是指国内产品的出口，因此外生变量的出口 E 无须乘以自给率。

$$\therefore \quad (I-\hat{M})F+E \approx F^d$$

因此，$F+E$ 是最终需求，$(I-\hat{M})F+E$ 是国内产品的最终需求，与非竞争进口型投入产出表的国内产品最终需求 F^d 的含义相同。公式 4－9 与非竞争进口型公式 4－2 均表示国内最终需求中国内产品所诱发的国内生产波及效应。

第三节

三种形式逆矩阵的比较

公式 4－4 的进口外生型模型中的 $(I-A)^{-1}$ 型逆矩阵是表示波及效应大小的系数。在开放经济的条件下，由于中间投入包含进口品，波及效应的一部分将通过进口品向海外溢出，换而言之，就是进口品所诱发的海外的生产波及效应也包括在内。但是，$(I-A)^{-1}$ 型逆矩阵未区分国内产品与进口品的诱发效应，进口品诱发的国外的生产波及效应如果视作国内生产的波及效应，就会高估了国内生产诱发效应。非竞争进口型投入产出模型的 $(I-A^d)^{-1}$ 型逆矩阵和进口内生型模型的 $[I-(I-\hat{M})A]^{-1}$ 逆矩阵是表示国内生产波及效应大小的系数，不包含对进口品国外生产的波及效应。3 种形式的逆矩阵之间的关系如下：

$$\because \quad M \geqslant 0$$

$$\therefore \quad (I-A)^{-1} \geqslant (I-A^d)^{-1}, [I-(I-\hat{M})A]^{-1}$$

在此，进一步梳理以下 3 种逆矩阵的特征，区分清楚所适用的场景。

$(I-A)^{-1}$ 型逆矩阵可用于产业间、技术结构间相互依存关系的分析。由于投入系数具有稳定性的特征，因此，适用范围非常广泛。但是 $(I-A)^{-1}$ 型逆矩阵未将进口作为内生变量，因此，仅适用于进口占比非常小的国家，而对于需要大量进口的国家，例如，日本及韩国等外贸依存度较大的国家利用此模型就可能产生较大的误差。

$(\boldsymbol{I}-\boldsymbol{A}^{d})^{-1}$型逆矩阵是将各部门的国内产品和进口产品进行严格区分，根据国内产品的投入系数 A^{d} 测算波及效应，可以精确反映当年的产业结构。但是，此逆矩阵的投入系数存在不稳定的现象。尽管对于 1 单位产出，各部门的投入比例不变（技术不变），但是不同年份投入的国内产品和进口产品可能由于进口和国内产品的相对价格发生变化导致占比发生变化，那么，国内产品的投入系数就会发生变化。因此，此矩阵不适用于经济预测以及特定产业的波及效应等分析。

$[\boldsymbol{I}-(\boldsymbol{I}-\hat{\boldsymbol{M}})\boldsymbol{A}]^{-1}$型逆矩阵是处于上述两种类型之间的逆矩阵，也是最常用的逆矩阵。此模型的进口是根据反映各部门的进口占国内总需求比例的进口系数 $\hat{M}$ 计算得出。相对于$(I-A^{d})^{-1}$型逆矩阵来说，$\hat{M}$ 是稳定的系数，因此，国内产品的投入系数 $(I-\hat{M})A$ 也具有稳定性的特征。而且，此矩阵剔除了进口产品所产生的波及效应，因此进行经济预测及产业波及效应分析时更加贴近现实经济。

利用第一章的表 1－3 和表 1－5 的 2 部门投入产出表的数值求出 3 种逆矩阵（参照表 4－1）。$(I-A^{d})^{-1}$和 $[I-(I-\hat{M})A]^{-1}$型逆矩阵只计算了国内的生产波及效应，因此，得到的值比 $(I-A)^{-1}$型逆矩阵的值略小，反映出各产业进行生产时，进口中间品会造成生产波及效应的溢出。

表 4－1　　3 种形式的逆矩阵（数值例）

项目	$(I-A)^{-1}$		$(I-A^{d})^{-1}$		$[I-(I-\hat{M})A]^{-1}$	
	A 产业	B 产业	A 产业	B 产业	A 产业	B 产业
A 产业	1.250	0.417	1.148	0.246	1.136	0.234
B 产业	0.625	1.875	0.410	1.516	0.401	1.553

第四节

基于均衡产出模型的经济分析

均衡产出模型是经由生产技术决定各产业的产出，以下介绍几种基于均衡产出模型的具有代表性的经济分析。

一、最终需求的生产诱发分析

在均衡产出模型中，通常认为生产活动是为了满足各产业最终需求，最终需求增加将引起生产的活跃，而导致产出增加。由于消费、投资（资本形成）或出口等最终需求发生变动，通过产业间直接及间接的波及效应，各产业为了满足最终需求而进行生产，最终究竟诱发多少产出，可以利用式4－10所表示的均衡产出模型计算。

$$X^C = [I-(I-\hat{M})A]^{-1}(I-\hat{M})F^C$$
$$X^I = [I-(I-\hat{M})A]^{-1}(I-\hat{M})F^I \qquad \text{式 4－10}$$
$$X^E = [I-(I-\hat{M})A]^{-1}E$$

式4－10中，X^C 是最终消费所诱发的总产出，X^I 为资本形成诱发的总产出，X^E 为出口诱发的总产出，F^C 为最终消费，F^I 表示资本形成，E 表示出口。

利用公式4－10，根据表1－5的数值可以分别计算出最终消费、资本形成及出口的生产诱发额，结果如表4－2所示：

表4－2　　各项最终需求的生产诱发额（数值例）

项目	最终消费	资本形成	出口	总产出
A产业	38.1	15.6	26.3	80.0
B产业	78.2	58.4	103.4	240.0
合计	116.3	74.0	129.7	320.0

从计算结果来看，最终需求诱发的产出当中，出口的诱发额最大，达到129.7；其次是最终消费，为116.3；资本形成的诱发额最小，只有74。从产业类别看，A产业的总产出的80当中，最终消费诱发的是38.1，接近A产业最终需求合计的一半。B产业的总产出的240当中，出口诱发的部分为103.4占绝对优势，最终消费诱发的生产额为78.2和总资本形成的诱发额为58.4。

二、生产诱发系数

最终需求的生产诱发额的大小就看各项最终消费的生产诱发额的合计值，而1单位最终需求的生产诱发额的大小取决于各项最终需求的生产诱发系数。生产诱发系数是上述各项生产诱发额除以各项最终需求的合计（总产出）值。生产诱发系数表示增加1单位最终需求导致产出的增加是多少。各项最终需求的单位诱发生产系数分别为 x^C、x^I 和 x^E，由以下各式求出：

$$\begin{pmatrix} x_1^C \\ \vdots \\ x_n^C \end{pmatrix} = \frac{1}{\sum_{i=1}^{n} F_i^C}\begin{pmatrix} X_1^C \\ \vdots \\ X_n^C \end{pmatrix}, \begin{pmatrix} x_1^I \\ \vdots \\ x_n^I \end{pmatrix} = \frac{1}{\sum_{i=1}^{n} F_i^I}\begin{pmatrix} X_1^I \\ \vdots \\ X_n^I \end{pmatrix}, \begin{pmatrix} x_1^E \\ \vdots \\ x_n^E \end{pmatrix} = \frac{1}{\sum_{i=1}^{n} E_i}\begin{pmatrix} X_1^E \\ \vdots \\ X_n^E \end{pmatrix}$$

表4－3是利用表4－2和表1－5的数值算出各项最终需求的生产诱发系数。

表4－3　各项最终需求的生产诱发系数（数值例）

产业	最终消费	资本形成	出口	平均
A产业	0.423	0.288	0.356	0.367
B产业	0.868	1.082	1.397	1.101
合计	1.292	1.371	1.753	1.468

由表4－3的数值可知，1单位的最终需求平均诱发1.468倍的生产。从最终需求的各个项目看，1单位出口的生产诱发效应为1.753倍，高于其他两项；其次是资本形成，为1.371倍，最终消费相对较低，为1.292倍。另外，从产业来看，B产业的诱发效应高于A产业。

三、生产诱发依存度

利用各产业的生产诱发额可以进行最终需求的生产依存度分析。生产诱发依存度是指各产业的各项最终需求所诱发的生产额占总生产诱发总额的比重，是显示各产业的直接和间接的生产诱发对各项最终需求依赖程度的指标。各项最终需求的生产诱发依存度分别为d^C、d^I和d^E，由以下各式求出：

$$\begin{pmatrix} d_1^C \\ \vdots \\ d_n^C \end{pmatrix} = \frac{1}{\sum\limits_{i=1}^{n} F_{ij}} \begin{pmatrix} F_1^C \\ \vdots \\ F_n^C \end{pmatrix}, \begin{pmatrix} d_1^I \\ \vdots \\ d_n^I \end{pmatrix} = \frac{1}{\sum\limits_{i=1}^{n} F_{ij}} \begin{pmatrix} F_1^I \\ \vdots \\ F_n^I \end{pmatrix}, \begin{pmatrix} d_1^E \\ \vdots \\ d_n^E \end{pmatrix} = \frac{1}{\sum\limits_{i=1}^{n} F_{ij}} \begin{pmatrix} F_1^E \\ \vdots \\ F_n^E \end{pmatrix}$$

表4－4　各项最终需求的生产诱发依存度（数值例）

项目	最终消费	资本形成	出口	最终需求合计
A产业	0.476	0.195	0.329	1.000
B产业	0.326	0.243	0.431	1.000
产业平均	0.363	0.231	0.405	1.000

表4－4是根据表4－2的数值计算出的结果。例如，A产业的生产诱发对最终消费的依存度为38.1÷80＝0.476，对资本形成的依存度为15.6÷80＝0.195，对出口的依存度为26.3÷80＝0.329。说明A产业的生产诱发对最终消费的依存度最高，达到47.6%。对资本形成的依赖度很低，仅有19.5%，可以说A产业是“消费依存型”产业。另外，B产业的生产诱发对出口的依存度最高，达到43.1%，最终消费次之，资本形成最低。因此，可以说B产业是“出口依存型”产业。

由所有产业的平均值看，对出口的依存度最高，为40.5%，对最终消费的依赖程度次之，为36.3%，对资本形成的依存度最低，为23.1%。可以说国家的经济结构偏向于“出口依存型”。

四、增加值的诱发效应

从投入产出表的纵向看，总产出由中间投入和增加值2部分构成。最终需求可以诱发生产，通过生产活动进一步形成增加值，因此，可以分析最终需求的各个项目（如消费、资本形成或出口）诱发的增加值是多少。

最终需求所诱发的增加值可以通过各产业的各项最终需求所诱发的生产额，与各产业的增加值率相乘得到。具体公式如下：

如果，$v_j = \dfrac{V_j}{X_j}$，$\hat{v} = \begin{pmatrix} v_1 & & 0 \\ & \ddots & \\ 0 & & v_n \end{pmatrix}$，那么，

$$V^C = \begin{pmatrix} V_1^C \\ \vdots \\ V_n^C \end{pmatrix} = \begin{pmatrix} v_1 X_1^C \\ \vdots \\ v_n X_n^C \end{pmatrix} = \begin{pmatrix} v_1 & & 0 \\ & \ddots & \\ 0 & & v_n \end{pmatrix} \begin{pmatrix} X_1^C \\ \vdots \\ X_n^C \end{pmatrix} = \hat{v} X^C$$

同样，$V^I = \hat{v} X^I$，$V^E = \hat{v} X^E$。

在此，V^C、V^I 和 V^E 分别代表消费、投资和出口所诱发的增加值，各产业的增加值率为 v_j。根据表4－2的A产业和B产业的增加值率，与表4－2算出的各产业的各项最终需求所诱发的生产额相乘，求得A产业和B产业的各项最终需求所导致的增加值诱发效应（参照表4－5）。

表4－5　各项最终需求诱发的增加值（数值例）

项目	最终消费	资本形成	出口	最终需求合计
A产业	22.9	9.3	15.8	48.0
B产业	31.3	23.4	41.4	96.0
合计	54.1	32.7	57.2	144.0

增加值诱发系数表示增加1单位最终需求导致增加值诱发效应的大小。计算方法与生产诱发系数相同。具体来看，例如，A产业的最终消费的增加值诱发系数（表4－6的0.254）= A产业的最终消费的增加值诱发额（表4－5的22.9）/最终需求中的最终消费的合计值（表1－5的35＋55）。

表 4-6　　各项最终需求的增加值诱发系数（数值例）

项目	最终消费	资本形成	出口	最终需求平均
A 产业	0.254	0.173	0.213	0.220
B 产业	0.347	0.433	0.559	0.440
合计	0.601	0.606	0.772	0.661

增加值诱发依存度是各产业的各项最终需求所诱发的增加值占各产业的总增加值的比重。表 4-7 是根据表 4-5 的数值计算得出。例如，最终需求诱发的 A 产业的增加值中，最终消费贡献了 47.7%（表 4-5 的 22.9/48.0 = 0.477），资本形成贡献了 19.5%，出口贡献了 32.9%。

表 4-7　　各项最终需求的增加值诱发依存度（数值例）

项目	最终消费	资本形成	出口	最终需求合计
A 产业	0.477	0.195	0.329	1.000
B 产业	0.326	0.243	0.431	1.000
产业平均	0.376	0.227	0.397	1.000

五、就业的诱发效应

日本编制投入产出表的流量表的同时，还编制并公布了与投入产出表的部门分类相对应的劳动雇佣表。如果有相应的雇佣表（各列部门一年投入生产的劳动力 L_j），可以计算出各产业 1 单位产出所投入的劳动量，称作劳动投入系数，那么利用此系数，可以分析消费、总资本形成或出口等各项最终需求诱发了多少就业。

劳动投入系数：$I_j(I_j = L_j/X_j)$

假设根据各项最终需求诱发的劳动分别为 L^C、L^I 和 L^E，可以利用各行业的单位产出投入的劳动为 l_j，与各项最终需求所诱发的生产额 X^C、X^I 和 X^E 的乘积分别求出各项最终需求诱发的劳动，如下式所示：

$$L^C = \begin{pmatrix} L_1^C \\ \vdots \\ L_n^C \end{pmatrix} = \begin{pmatrix} l_1 X_1^C \\ \vdots \\ l_n X_n^C \end{pmatrix} = \begin{pmatrix} l_1 & & 0 \\ & \ddots & \\ 0 & & l_n \end{pmatrix} \begin{pmatrix} X_1^C \\ \vdots \\ X_n^C \end{pmatrix} = \hat{l} X^C$$

同样，$L^I = \hat{l} X^I$，$L^E = \hat{l} X^E$。

表 4-8 是与表 1-5 的 2 部门投入产出表的数值相对应的雇佣表，以下利用此数据来对就业的诱发效应进行分析。

表4－8　　雇佣表（数值例）

项目	A产业	B产业	合计
从业人数	400	720	1120

根据表4－8的数值，可以计算出A产业的劳动投入系数为400/80＝5，B产业的劳动投入系数为720/240＝3，利用劳动投入系数的对角行列与表4－2各项最终需求的生产诱发额的矩阵相乘，就可以得到表4－9是各项最终需求分别诱发的雇佣数量。最终需求诱发的就业总量的1120当中，出口和最终消费的诱发量分别为441.8和425，大体相等，资本形成的诱发量为253.2。

表4－9　　各项最终需求诱发的就业数量（数值例）

项目	最终消费	资本形成	出口	最终需求合计
A产业	190.5	77.9	131.6	400.0
B产业	234.5	175.3	310.2	720.0
合计	425.0	253.2	441.8	1120.0

最终需求的就业诱发系数是表示增加1单位最终需求导致就业人数增加多少的指标。表4－10的数值是由表4－9和表1－5的数值计算得出。

表4－10　　各项最终需求的就业诱发系数（数值例）

项目	最终消费	资本形成	出口	最终需求平均
A产业	2.117	1.442	1.778	1.835
B产业	2.605	3.246	4.192	3.303
合计	4.722	4.688	5.970	5.138

例如，A产业的最终消费诱发的雇佣量＝表4－9的190.5/表1－5的（35＋55）＝2.117，B产业最终消费诱发的就业量＝表4－9的234.5/表1－5的（35＋55）＝2.605，最终消费创造的总的就业量为4.722。

劳动诱发系数反映的是最终需求引起的对就业的直接和间接的波及效应，是劳动投入系数和反映国内波及效应的逆矩阵的乘积。如果逆矩阵 $[I-(I-\hat{M})A]^{-1}$ 用 B 来表示，具体如公式4－11所示：

$$\text{劳动诱发系数} = \hat{l}B = \begin{pmatrix} l_1 & & 0 \\ & \ddots & \\ 0 & & l_n \end{pmatrix} \begin{pmatrix} b_{11} & \cdots & b_{1n} \\ \vdots & & \vdots \\ b_{n1} & \cdots & b_{nn} \end{pmatrix}$$

$$= \begin{pmatrix} l_1 b_{11} & \cdots & l_1 b_{1n} \\ \vdots & & \vdots \\ l_n b_{n1} & \cdots & l_n b_{nn} \end{pmatrix} \qquad \text{式4－11}$$

公式4－11的各列表示的是对于各产业产生1单位最终需求时，对各产业直接或间接劳动力需求的大小。由于我国未编制雇佣表，因此需要通过查找各种就业数据，编制各产业对应的就业人数后，才能计算最终需求引起的就业的波及效应。

六、进口的诱发效应

对于进口依存度较高的国家来说，进口诱发效应的计算也是非常必要的。当某行业的消费及投资或出口等最终需求增加时，在引起本行业及其他相关行业的消费、投资或出口增加的同时，对进口也产生诱发效应。令逆矩阵 $[I-(I-\hat{M})A]^{-1}$ 为 B，那么得到公式4－12，

$$X=[I-(I-\hat{M})A]^{-1}[(I-\hat{M})F+E]=B(I-\hat{M})F+BE \qquad \text{式4－12}$$

将公式4－12代入 $M=\hat{M}(AX+F)$ 后进行整理，可以得出各项最终需求的进口诱发额公式4－13：

$$M^C=\hat{M}[AB(I-\hat{M})+I]F^C$$
$$M^I=\hat{M}[AB(I-\hat{M})+I]F^I \qquad \text{式4－13}$$
$$M^E=\hat{M}ABE$$

本书提出另一种方式，将国内最终需求 Y^C 和 Y^I 之前［ ］内的单位矩阵 I 进行以下的变形：

$$I=(I-\hat{M})^{-1}(I-\hat{M})=(I-\hat{M})^{-1}B^{-1}\cdot B(I-\hat{M})$$

将变形后的 I 代入公式4－14的 M^C 和 M^I 后进行整理，得到以下公式：

$$M^C=\hat{M}[A+(I-\hat{M})^{-1}B^{-1}]B(I-\hat{M})F^C$$
$$M^I=\hat{M}[A+(I-\hat{M})^{-1}B^{-1}](I-\hat{M})F^I$$

另外，由于 $B^{-1}=\{[I-(I-\hat{M})A]^{-1}\}^{-1}=I-(I-\hat{M})A$，因此上式中，

$$[A+(I-\hat{M})^{-1}B^{-1}]=A+(I-\hat{M})^{-1}-(I-\hat{M})^{-1}(I-\hat{M})A=(I-\hat{M})^{-1}$$

各项最终需求的进口诱发额可以按照公式4－14求出：

$$M^C=\hat{M}(I-\hat{M})^{-1}B(I-\hat{M})F^C$$
$$M^I=\hat{M}(I-\hat{M})^{-1}B(I-\hat{M})F^I \qquad \text{式4－14}$$
$$M^E=\hat{M}ABE$$

第五节

新增需求产生的经济波及效应的分析

在投入产出分析中应用非常广泛的是对新增需求产生的经济波及效应的分析。我们将

经由中间投入诱发的生产波及效应称作1次波及效应。而且这种1次波及效应所带来的生产增加会带来收入增加，如果增加的一部分收入用于消费，将会进一步带来生产波及效应。后面发生的过程被称为2次波及效应。

一、波及效应模型

（一）2次波及效应模型

新增最终需求 ΔF 以及 ΔE 诱发的1次波及效应模型 $\Delta X^{①}$ 如公式4－15和公式4－16所示：

新增 ΔF 时，$\Delta X^{①} = [I-(I-\hat{M})A]^{-1}(I-\hat{M})\Delta F$　　式4－15

新增 ΔE 时，$\Delta X^{①} = [I-(I-\hat{M})A]^{-1}\Delta E$　　式4－16

由于收入增加导致消费增加所诱发的第2次波及效应 $\Delta X^{②}$ 模型如公式4－17所示：

$\Delta X^{②} = [I-(I-\hat{M})A]^{-1}(I-\hat{M})ckw\Delta X^{①}$　　式4－17

在此，c 是家庭消费支出构成比的列向量，k 是消费倾向（矢量），w 是表示各产业部门的单位产出的收入[①]的行向量，即收入系数的行向量。

首先，来看公式4－17中 $w\Delta X^{①}$ 的含义，

$$w\Delta X^{①} = (w_1 \quad \cdots \quad w_n)\begin{pmatrix}\Delta X_1^{①} \\ \vdots \\ \Delta X_n^{①}\end{pmatrix} = w_1\Delta X_1^{①} + \cdots + w_1\Delta X_n^{①}$$

也就是说，由于 $w\Delta X^{①}$ 是将各产业的收入系数与该产业新增生产的乘积进行加总后的结果，表示的是第1次波及效应引起的生产活动所形成的新增收入，如果将这部分与消费倾向 k 相乘，就是表示新增的消费。如果进一步乘以各产业的消费比例进行分配，就成为各部门新增的消费。由于消费中也包括进口商品，所以乘以自给率。最后，将国内产品的消费需求与表示国内波及效应的逆矩阵相乘，可以得到生产波及效应。

当然也可以将 $[I-(I-\hat{M})A]^{-1}(I-\hat{M})ckw$ 作为一个（生产→收入→消费→生产）乘数来考虑。

另外，由2次的波及效应，根据同样的路径会产生3次、4次……波及效应。因为波及效应是逐渐递减的，所以通常模拟到第2次或者第3次波及效应的情形较多[②]。

---

① 关于收入的定义，可以是劳动者收入、要素收入（劳动者收入＋营业盈余）或者是增加值。需要注意的是收入系数 w（收入÷产出）中分子的“收入”和消费倾向 k（消费÷收入）中分母的“收入”的定义需要保持一致。

② 由于第2次波及效应模型具备可以明确波及的过程，更加容易理解等长处，在实际应用中更加常见。

（二）消费内生型模型

消费内生型模型是指将生产增加→收入增加→消费增加→生产增加的这种包括2次波及效应所诱发的所有生产的诱发效应进行测算的模型。

1. 未明确收入诱发效应的消费内生型模型

由于将消费设为内生变量，在此将国内最终需求 F 分为两部分：内生变量的最终消费 F^C 和除此以外的其他国内最终需求 F^X（作为外生变量的国内最终需求）。式4－8的进口内生型供需平衡式变形为以下公式：

$$(I-\hat{M})AX+(I-\hat{M})F^C+(I-\hat{M})F^X+E=X$$

由生产活动形成收入（wX），一部分通过消费（消费倾向 k）成为最终消费部分，如果将最终消费根据消费支出占比 c 分配至各产业，F^C 可以由以下公式表示：

$$F^C=\begin{pmatrix}F_1^C\\ \vdots\\ F_n^C\end{pmatrix}=\begin{pmatrix}c_1\\ \vdots\\ c_n\end{pmatrix}\cdot k\cdot(w_1\ \ \cdots\ \ w_n)\cdot\begin{pmatrix}X_1\\ \vdots\\ X_n\end{pmatrix}=ckwX$$

将 F^C 代入上面的平衡式就可以得到消费内生型的供需平衡式4－18：

$$(I-\hat{M})AX+(I-\hat{M})ckwX+(I-\hat{M})F^X+E=X \qquad \text{式 4－18}$$

将 X 进行移项整理，可以得到消费内生型均衡产出型模型，如公式4－19所示：

$$X=[I-(I-\hat{M})(A+ckw)]^{-1}[(I-\hat{M})F^X+E] \qquad \text{式 4－19}$$

公式4－19的 ckw 矩阵表示各产业每单位生产所形成的收入，产生对各产业的消费需求的系数。

$$ckw=\begin{pmatrix}c_1\\ \vdots\\ c_n\end{pmatrix}\cdot k\cdot(w_1\ \ \cdots\ \ w_n)=\begin{pmatrix}c_1kw_1 & \cdots & c_1kw_n\\ \vdots & & \vdots\\ c_nkw_1 & \cdots & c_nkw_n\end{pmatrix}$$

推算新产生的最终需求 ΔF 及 ΔE 引起的生产波及效果 ΔX 时，可以利用消费内生型均衡产量模型，如公式4－20和公式4－21所示：

ΔF 的情形，$\Delta X=[I-(I-\hat{M})(A+ckw)]^{-1}(I-\hat{M})\Delta F$ 　　式4－20

ΔE 的情形，$\Delta X=[I-(I-\hat{M})(A+ckw)]^{-1}\Delta E$ 　　式4－21

根据公式4－20或公式4－21求得的 ΔX 是第1次波及效应（式4－15和式4－16）和第2次波及效应（式4－17）、第3次、第4次……波及效应的合计。

$$\boldsymbol{\Delta X=\Delta X^{①}+\Delta X^{②}+\Delta X^{③}+\Delta X^{④}+\cdots}$$

消费内生型均衡产出模型中，虽然包含了经由收入导致的消费诱发效应，但并未明确说明收入本身的诱发效应。

2. 明确收入诱发效应的消费内生型模型

为了明确收入的诱发效应，在此导入收入平衡式，将均衡收入设为 W（标量），并假设由生产活动形成的收入 wX 和独立于生产活动的外生收入 W^X（标量）构成。由于扩大了收入的概念，式 4－18 表示消费内生型供求平衡式中表示收入的部分 wX 改写为均衡收入 W。

$$\begin{cases}\text{供需平衡：} & (I-\hat{M})AX+(I-\hat{M})ckW+(I-\hat{M})F^X+E=X\\ \text{收入平衡：} & wX+W^X=W\end{cases}$$

根据以上两个平衡式，可以得到消费内生型的平衡式 4－22：

$$\begin{pmatrix}(I-\hat{M})A & \vdots & (I-\hat{M})ck\\ \cdots\cdots & \vdots & \cdots\cdots\\ w & \vdots & 0\end{pmatrix}\begin{pmatrix}X\\ \cdots\\ W\end{pmatrix}+\begin{pmatrix}(I-\hat{M})F^X\\ \cdots\cdots\\ W^X\end{pmatrix}=\begin{pmatrix}X\\ \cdots\\ W\end{pmatrix} \qquad \text{式 } 4-22$$

在此，$(I-\hat{M})ck$ 是针对国内产品的各产业消费倾向的列向量。

$$(I-\hat{M})ck=\begin{pmatrix}1-m_1 & & 0\\ & \ddots & \\ 0 & & 1-m_n\end{pmatrix}\begin{pmatrix}c_1\\ \vdots\\ c_n\end{pmatrix}k=\begin{pmatrix}(1-m_1)c_1k\\ \vdots\\ (1-m_n)c_nk\end{pmatrix}$$

对以上的均衡公式的均衡产出 X 和均衡收入 W 进行求解，可以得到以下消费内生型均衡产出模型公式 4－23：

$$\begin{pmatrix}X\\ \cdots\\ W\end{pmatrix}=\begin{pmatrix}I-(I-\hat{M})A & \vdots & -(I-\hat{M})ck\\ \cdots\cdots & \vdots & \cdots\cdots\\ -w & \vdots & 1\end{pmatrix}^{-1}\begin{pmatrix}(I-\hat{M})F^X+E\\ \cdots\cdots\\ W^X\end{pmatrix} \qquad \text{式 } 4-23$$

利用此种消费内生型均衡产出模型，对新增最终需求 ΔY 及 ΔE 诱发的生产波及效应 ΔX 进行求解时，可以得到以下公式：

新增需求为 ΔF 时，如公式 4－24 所示：

$$\begin{pmatrix}\Delta X\\ \cdots\\ \Delta W\end{pmatrix}=\begin{pmatrix}I-(I-\hat{M})A & \vdots & -(I-\hat{M})ck\\ \cdots\cdots & \vdots & \cdots\cdots\\ -w & \vdots & 1\end{pmatrix}^{-1}\begin{pmatrix}(I-\hat{M})\Delta F^X\\ \cdots\cdots\\ 0\end{pmatrix} \qquad \text{式 } 4-24$$

新增需求为 ΔE 时，如公式 4－25 所示：

$$\begin{pmatrix}\Delta X\\ \cdots\\ \Delta W\end{pmatrix}=\begin{pmatrix}I-(I-\hat{M})A & \vdots & -(I-\hat{M})ck\\ \cdots\cdots & \vdots & \cdots\cdots\\ -w & \vdots & 1\end{pmatrix}^{-1}\begin{pmatrix}\Delta E\\ \cdots\\ 0\end{pmatrix} \qquad \text{式 } 4-25$$

上述公式求得的 ΔX 与未明确收入诱发效应的消费内生型模型的 ΔX 相等①。此外，由新增最终需求所诱发的收入 ΔW 也可以由此模型求得。

① 证明的要点：将公式 4－19 的 W^X 变为 0，然后展开公式。

另外，由此模型可以求得新增收入 ΔW^X 所诱发的生产波及效应 ΔX。例如，可以用于推算所得税减免及地区发放商品券等经济刺激政策带来的波及效应。

新增收入为 ΔW^X 时，诱发效应如公式 4 – 26 所示：

$$\begin{pmatrix}\Delta X\\ \cdots\\ \Delta W\end{pmatrix}=\begin{pmatrix}I-(I-\hat{M})A & \vdots & -(I-\hat{M})ck\\ \cdots\cdots & \vdots & \cdots\cdots\\ -w & \vdots & 1\end{pmatrix}^{-1}\begin{pmatrix}0\\ \cdots\\ \Delta W^X\end{pmatrix} \qquad \text{式 } 4-26$$

（三）就业的波及效应分析

新增最终求不仅对生产产生波及效应，对就业同样会产生波及效应。可以利用生产波及效应模型计算出的生产波及效应 ΔX_j，与雇用表计算出的各产业劳动投入系数 l_j 相乘，就可以求出新增最终需求对雇用产生的波及效应 ΔL_j。

$$\Delta L=\begin{pmatrix}\Delta L_1\\ \vdots\\ \Delta L_n\end{pmatrix}=\begin{pmatrix}l_1\Delta X_1\\ \vdots\\ l_n\Delta X_n\end{pmatrix}=\begin{pmatrix}l_1 & & 0\\ & \ddots & \\ 0 & & l_n\end{pmatrix}\begin{pmatrix}\Delta X_1\\ \vdots\\ \Delta X_n\end{pmatrix}=\hat{l}\Delta X \qquad \text{式 } 4-27$$

二、由具体数值看新增需求的经济波及效应

上文对新增需求的波及效应的相关模型进行了说明，以下根据简单的数据利用相关模型对新增需求的经济波及效应进行计算。由于表 1 – 5 的竞争进口型投入产出表中的增加值未进行细分，因此无法进行波及效应的分析。表 4 – 11 是对表 1 – 5 的数据与表 4 – 8 的雇佣表的数值结合后得到表 4 – 11，对新增需求产生的波及效应进行分析。

表 4 – 11　　竞争进口型投入产出表（数值例）

投入＼产出		中间需求			最终需求				（扣除）进口	国内生产额
		A 产业	B 产业	合计	居民最终消费	政府最终消费	总资本形成	出口		
中间投入	A 产业	8	48	56	30	5	9	10	– 30	80
	B 产业	24	96	120	40	15	45	64	– 44	240
	合计	32	144	176	70	20	54	74	– 74	320
劳动者报酬		20	48	68						
营业盈余		16	12	28						
固定资本折旧		8	24	32						
生产税净额		4	12	16						
增加值合计		48	96	144						
国内生产额		80	240	320						

进行生产波及效应分析时不仅需要进口系数、逆矩阵系数和劳动投入系数，消费倾向（在2次波及效应模型中被称作“消费转换系数”）k（标量）和收入系数 w（行向量）也非常重要，有必要进行更进一步的探讨。

为了全面把握一国的生产活动状况，整体来看，投入产出表采用的是国内的概念，但是唯有“最终消费支出”不是国内概念，而是国民的概念。表4－11中的居民消费是70单位，那么居民的消费是在收入的基础上进行的。为了对2次波及效应进行推算，需要进一步厘清收入的概念。

GDP衡量的是国内的生产，而GNP衡量的是常住居民进行的生产活动。但GNP如果作为国民生产去理解的话，这个概念并不恰当，这是因为区分国内居民的生产和国外居民的生产，在统计上是无法实现的。例如，用于生产的资本无法区分由国内居民提供还是由国外居民提供；另外，工厂的生产统计中也无法辨别哪些产品由本国居民生产，哪些由非本国居民生产。鉴于GNP统计的不可实施，SNA1993中将GNP更名为国民总收入（Gross National Income，GNI），进一步明确GNP衡量的不是居民生产而是居民收入，不能用“P”而应该用“I”，原来的GNP变成了GNI，衡量的是国民收入。

国民总收入（GNI）＝GDP＋从海外获得的要素收入－向海外支付的要素收入

市场价格表示的国民收入（NI）＝GNI－固定资本折旧

生产要素报酬表示的国民收入（NI）＝GNI－固定资本折旧－生产税净额（生产税－补贴）

由于从投入产出表无法读取“从海外获取的要素收入”以及“向海外支付的要素收入”等信息，所以相关信息需要从国民经济核算的资料中获取。

在此，假设从海外获取要素收入为6，向海外支付要素收入为2，在这种情况下，该国的GNI如下所示：

国民总收入（GNI）＝144＋6－2＝148

市场价格表示的国民收入（NI）＝148－32＝116

生产要素报酬表示的国民收入（NI）＝148－32－16＝100

消费倾向 k（或消费转换系数）的分母是上述3种国民收入中的任意一种。

因为 k 是国民概念，收入系数 w 也调整为国民概念。虽然生产活动形成收入，但并不是所有的收入都是国民的收入，一部分是“向海外支付的要素收入”。在此针对国内生产活动的收入导入对海外要素收入的支付率 r（标量）。

$$r=\frac{\text{向海外支付的要素收入}}{\text{国内生产收入}}$$

因此，$1-r$ 是指在国内生产收入当中国民收入的占比，将其乘以各产业的国内收入系数 s（行向量），作为各产业的国民概念的收入系数 w。

对应三种国民收入的概念，k 和 w 分为以下三种情况：

（1）如果国民总收入（GNI）148 当中的 70 为消费，则，

$$k=\frac{70}{148}\approx 0.473$$

$$r=\frac{2}{148}\approx 0.014$$

$$w=(1-r)(s_1\quad s_2)=(1-0.014)\begin{pmatrix}\frac{48}{80} & \frac{96}{240}\end{pmatrix}\approx(0.592\quad 0.395)$$

（2）如果市场价格表示的国民收入（NI）116 当中的 70 为消费，则，

$$k=\frac{70}{116}\approx 0.603$$

$$r=\frac{2}{116}\approx 0.017$$

$$w=(1-r)(s_1\quad s_2)=(1-0.017)\begin{pmatrix}\frac{40}{80} & \frac{72}{240}\end{pmatrix}\approx(0.491\quad 0.295)$$

（3）如果生产要素报酬表示的国民收入（NI）100 当中的 70 为消费，则，

$$k=\frac{70}{100}=0.7$$

$$r=\frac{2}{100}=0.02$$

$$w=(1-r)(s_1\quad s_2)=(1-0.02)\begin{pmatrix}\frac{36}{80} & \frac{60}{240}\end{pmatrix}=(0.441\quad 0.245)$$

从上述结果可知，如果采用广义的收入概念，消费倾向 k 的数值就小，相应的收入系数 w 就会变大。相反，如果采用狭义的收入概念，消费倾向 k 的数值就会变大，对应的收入系数 w 就小。

以下采用第（3）种情形的消费倾向 k 和所得系数 w 的值根据 2 次波及效应的公式 4－14 进行模拟。

对于 B 产业产生 10 单位的国内最终需求时，根据 2 次波及效应模型推算的结果如表 4－12 所示，消费内生模型的推算结果如表 4－13 所示。

表 4-12 根据2次波及效应模型的分析

项目	新增国内最终需求 ΔF	对国内产品的新增需求 $(I-\hat{M})\Delta F$	第1次波及效应 $\Delta X^{①}$	第2次波及效应 $\Delta X^{②}$	第3次波及效应 $\Delta X^{③}$	生产波及效应合计	就业波及效应 $\hat{l}\Delta X$
A产业	0	0	1.87	1.21	0.34	3.42	17.11
B产业	10	8	12.42	2.25	0.63	15.30	45.91
合计	10	8	14.30	3.46	0.97	18.73	63.03

由2次波及效应模型进行的推算，计算到3次波及效应时结果与消费内生模型的波及效应接近，没有太大差异。

虽然消费内生模型更加简洁精练，但是由于2次波及效应模型具备能够清晰展示波及的具体过程，而且更易理解等特点，因此，在波及效应的推算时采用的频度非常高。

表 4-13 消费内生模型的波及效应

项目	新增国内最终需求 ΔF	生产波及效应 ΔX	收入诱发效应 ΔW	就业波及效应 $\hat{l}\Delta X$
A产业	0	3.56		17.78
B产业	10	15.55		46.65
合计	10	19.11	5.38	64.43

三、经济波及效应分析的局限性

经济波及效应的分析是根据投入系数的稳定性特性进行测算的。投入系数表现的是投入产出表的编制年份所采用的生产技术，因此，随着时间推移，不仅部门间相对价格可能发生变化，也可能由于技术革新导致各部门投入发生变化，当所分析年份与制表年份不同时，很可能产生预测精度降低的情况。而且，投入产出分析并不适用于需求结构发生巨大变化，或者经济产生较大增长的长期的预测分析（因为生产技术发生了改变）。

除了投入系数的稳定性问题，波及效应的分析还存在其他方面的问题。

首先是经常被诟病的“所需的商品、服务是在全部可以生产为前提，并未考虑供给制约”的问题。凯恩斯和列昂惕夫的模型都是以供给过剩为前提假设。这是因为考虑到只有在供给充裕、需求不足导致经济低迷时，开启有效需求的经济政策才具有意义。因此，如果在供给方没有任何富余时，判断失误启动增加需求的经济政策，不仅无法满足新增需求，还将引起物价上涨。

其次，“当库存充足，新增需求仅仅依靠库存就能满足时，波及效应将被中断。”“库存充足”的表达形式可能有些许含糊，但是，企业保持一定的库存率是大部分模型的前提假设。当出现新的需求时（起点），所有的产业重新寻求各产业在需求和供给相等时的均衡解。如果产生的这种需求的波及效应被用于一部分剩余库存的消化，那么，由于生产该剩余库存的波及效应已经产生，剩余部分成为新增生产的波及效应。如果能够事先掌握剩余库存的信息，也可以考虑将相应的部分扣除后进行波及效应的推算。

最后，“模型尚未明确何时以及哪个行业将产生多少诱发效应”。由于模型的估算结果依存于所利用的统计数据，因此该需求的波及效应需要多长时间这一问题的关键是明确投入产出表的定义，尤其是对“中间投入”进行的定义。投入产出表是以 1 年为单位，虽然分析内容不同，波及的时间也有差异，但是通常可以将波及的时间理解为 1 年。

第六节

开放经济下的均衡价格模型

开放经济下的非竞争进口投入产出模型的列向与封闭经济不同，增加了进口部分，各产业存在以下平衡关系：

国产中间投入 + 进口增加投入 + 增加值 = 总产出

用公式表示为：

$$\begin{cases} x_{11}^{d} + \cdots + x_{n1}^{d} + x_{11}^{m} + \cdots + x_{n1}^{m} + V_1 = X_1 \\ \vdots \qquad\qquad \vdots \qquad \vdots \qquad\qquad \vdots \qquad \vdots \qquad \vdots \\ x_{1n}^{d} + \cdots + x_{nn}^{d} + x_{1n}^{m} + \cdots + x_{nn}^{m} + V_n = X_n \end{cases} \qquad \text{式 } 4-28$$

当增加值发生变动前的增加值用 V_j^0 表示，此时各产业国内产品价格为 P_j^{d0}，那么，

$$\boldsymbol{X_j = P_j^{d0} Q_j,\ x_{ij}^d = P_j^{d0} q_{ij}^d}$$

进口产品价格为 P_j^{m0}，

$x_{ij}^m = P_j^{m0} q_{ij}^m$，

公式 4 - 28 可以变形为：

$$\begin{cases} P_1^{d0}q_{11}^d + \cdots + P_n^{d0}q_{n1}^d + P_1^{m0}q_{11}^m + \cdots + P_n^{m0}q_{n1}^m + V_1^0 = P_1^{d0}Q_1 \\ \vdots \qquad \vdots \qquad \vdots \qquad \vdots \qquad \vdots \qquad \vdots \\ P_1^{d0}q_{1n}^d + \cdots + P_n^{d0}q_{nn}^d + P_1^{m0}q_{1n}^m + \cdots + P_n^{m0}q_{nn}^m + V_n^0 = P_n^{d0}Q_n \end{cases} \qquad 式\,4-29$$

假设增加值发生变动，设变动后的增加值为 V_j^t，与变动后的增加值相对应，各产业的均衡价格为 P_j^t。

$$\because \quad \boldsymbol{V_j^0 \Rightarrow V_j^t}$$
$$\therefore \quad \boldsymbol{P_j^{d0} \Rightarrow P_j^{dt}，\ P_j^{m0} \Rightarrow P_j^{mt}}$$

增加值变动后，投入成本发生改变，价格也发生变化。变动后的收支平衡如公式 4－30 所示：

$$\begin{cases} P_1^{dt}q_{11}^d + \cdots + P_n^{dt}q_{n1}^d + P_1^{mt}q_{11}^m + \cdots + P_n^{mt}q_{n1}^m + V_1^t = P_1^{dt}Q_1 \\ \vdots \qquad \vdots \qquad \vdots \qquad \vdots \qquad \vdots \qquad \vdots \\ P_1^{dt}q_{1n}^d + \cdots + P_n^{dt}q_{nn}^d + P_1^{mt}q_{1n}^m + \cdots + P_n^{mt}q_{nn}^m + V_n^t = P_n^{dt}Q_n \end{cases} \qquad 式\,4-30$$

在此，导入价格变动前和变动后的比率，

$$\boldsymbol{p_i^d = \frac{P_i^{dt}}{P_i^{d0}} \Rightarrow P_i^{dt} = p_i^d \cdot P_i^{d0}},$$
$$\boldsymbol{p_i^m = \frac{P_i^{mt}}{P_i^{m0}} \Rightarrow P_i^{mt} = p_i^m \cdot P_i^{m0}}$$

公式 4－30 可变形为：

$$\begin{cases} p_1^dP_1^{d0}q_{11}^d + \cdots + p_n^dP_n^{d0}q_{n1}^d + p_1^mP_1^{m0}q_{11}^m + \cdots + p_n^mP_n^{m0}q_{n1}^m + V_1^t = p_1^dP_1^{d0}Q_1 \\ \vdots \qquad \vdots \qquad \vdots \qquad \vdots \qquad \vdots \qquad \vdots \\ p_1^dP_1^{d0}q_{1n}^d + \cdots + p_n^dP_n^{d0}q_{nn}^d + p_1^mP_1^{m0}q_{1n}^m + \cdots + p_n^mP_n^{m0}q_{nn}^m + V_n^t = p_n^dP_n^{d0}Q_n \end{cases} \qquad 式\,4-31$$

由于，$\boldsymbol{P_j^{d0}Q_j = X_j}$，$\boldsymbol{P_i^{d0}q_{ij}^d = x_{ij}^d}$，$\boldsymbol{P_i^{m0}q_{ij}^m = x_{ij}^m}$，那么，公式 4－31 改写为：

$$\begin{cases} p_1^dx_{11}^d + \cdots + p_n^dx_{n1}^d + p_1^mx_{11}^m + \cdots + p_n^mx_{n1}^m + V_1^t = p_1^dX_1 \\ \vdots \qquad \vdots \qquad \vdots \qquad \vdots \qquad \vdots \qquad \vdots \\ p_1^dx_{1n}^d + \cdots + p_n^dx_{nn}^d + p_1^mx_{1n}^m + \cdots + p_n^mx_{nn}^m + V_n^t = p_n^dX_n \end{cases} \qquad 式\,4-32$$

将公式 4－32 的两边分别除以 X_j，进一步得到以下 1 次联立方程 4－33：

$$\begin{cases} p_1^da_{11}^d + \cdots + p_n^da_{n1}^d + p_1^ma_{11}^m + \cdots + p_n^ma_{n1}^m + v_1^t = p_1^d \\ \vdots \qquad \vdots \qquad \vdots \qquad \vdots \qquad \vdots \qquad \vdots \\ p_1^da_{1n}^d + \cdots + p_n^da_{nn}^d + p_1^ma_{1n}^m + \cdots + p_n^ma_{nn}^m + v_n^t = p_n^d \end{cases} \qquad 式\,4-33$$

在此，v_j^t 是变动后的增加值 V_j^t 除以各产业的产出 X_j 后的增加值率，即，

$$v_j^t = \frac{V_j^t}{X_j}$$

公式 4－34 可以用方程式表示为：

$$(A^d)'p^d + (A^m)'p^m + v^t = p^d \qquad \text{式 4－34}$$

对 p^d 求解，可以得到以下非竞争进口型均衡价格模型：

$$p^d = [(I - A^d)^{-1}]'[(A^m)'p^m + v^t] \qquad \text{式 4－35}$$

在此将公式 4－34 中的列向量的 p^d、p^m 和 v^t 进行转置，即表示为 $(p^d)'$，$(p^m)'$和 $(v^t)'$，那么可以表示为：

$$(p^d)' = [(p^m)'A^m + (v^t)'](I - A^d)^{-1} \qquad \text{式 4－36}$$

利用表 1－6 的竞争进口型投入产出表时，以上公式中国内产品的投入系数 A^d 就成为 $(I - \hat{M})A$，进口投入系数用 $\hat{M}A$ 替代 A^m，得到以下竞争进口型均衡价格模型：

$$p^d = \{[I - (I - \hat{M})A]^{-1}\}'[(\hat{M}A)'p^m + v^t] \qquad \text{式 4－37}$$

或者

$$(p^d)' = [(p^m)'\hat{M}A + (v^t)'][I - (I - \hat{M})A]^{-1} \qquad \text{式 4－38}$$

当劳动价格或者增加值部分的税率发生变化时，将 p^m 中所有的要素设置为 1 的列向量，各产业变动后的增加值率 v^t 作为外生变量，那么就可以求出国内产品的价格变动比 p^d。另外，汇率及进口品价格发生变动时，将 v^t 设置为原本的增加值率 v，各产业的进口价格变动比 p^m 作为外生变量，那么可以求出国内产品的价格变动比 p^d。

第五章　产业结构的分析

第一节

基于投入产出表的产业结构分析

社会再生产中生产资料生产和消费资料生产两部类的比例关系，是整个国民经济最基本的比例关系，因此在安排社会生产时，两大部类的比例关系是首先需要考虑的一个基本比例关系。第一部类的产品包括：用于生产性积累的产品，用于物质生产部门固定资产更新改造和大修理的产品，用作劳动对象的中间产品；第二部类的产品有：用于消费的产品，用于非生产性积累的产品。根据投入产出表很容易确定这两大部类的比例关系。

此外，可以根据投入产出表分析社会总产品、中间产品、最终产品和国民收入的部门构成，分析国民经济各部门总产品的价值构成，分析各部门的中间产品率和最终产品率，其中，中间产品率是指中间产品占全部产品的比率，最终产品率是指最终产品占全部产品的比率。

一、各产业部门的投入结构和需求结构

投入产出分析以投入产出表为基本工具，可以利用投入产出表对产业结构进行分析。投入产出表中有多种均衡关系，而实际上这些均衡关系产业建立是以国民经济系统中各产业生产过程中的均衡关系为理论依据。在社会再生产过程中，各产业部门是相互联系、相互依存的，任何产业进行生产时离不开其他产业产品的“投入”；另外，其产品提供给其

他产业，作为其他产业的中间投入，以满足其他产业的生产需求。因此，结构分析包括产业的投入结构和需求结构的分析。

（一）投入结构

投入结构是指投入产出表中纵向的投入结构，表中各产业产品生产时需要其他产业产品的投入情况，以此来研究该产业产品生产过程中对其他产业的依赖度。

投入结构反映了各产业部门的生产技术，用“投入系数”来表示，由于投入系数反映了生产 1 单位产出时，所需要的其他产业的投入比例，如果技术不变时，投入的原材料、机器设备及劳动等不会发生变化，因此，投入系数不会发生改变。投入系数还可以用于判断现存的国民经济各产业部门的结构比例是否合理，从而作为产业结构调整的依据，为一国制订国民经济计划提供重要的经济参数。对某一产业的产品投入系数进行纵向比较，可以看出各产业间生产及时联系的变动情况，反映了产业结构的变化。

（二）需求结构

对于需求结构（也称为分配结构），是指投入产出表中横向的需求结构，也就是表中各产业产品的贩卖情况，以此来研究该产业产品生产过程中对其他产业的影响程度。

需求结构反映的是各产业产品的需求，用“分配系数”来表示，分配系数是该产业部门的产品在其他产业部门之间的分配（贩卖）比例。

分配系数通常用 h 表示，$h_{ij}=\frac{x_{ij}}{x_i}$，表示第 i 部门的产品分配在第 j 产业部门生产的比例，反映了各产业部门的产品流向及比例。分配系数与投入系数相比，具有以下特点：第一，分配系数不受价格变化影响，这是由于分配系数的分子和分母都是 i 产品，所以不受价格影响。第二，封闭经济的投入产出表中，分配系数一般小于 1，但是加上进口和出口部门时，分配系数有可能大于 1。第三，影响分配系数的主要因素是产品的用途。一般第一部类产品的中间分配系数比较大，第二类产品的最终产品分配系数比较大。

二、各产业部门的中间需求率和中间投入率

分析各产业部门在社会再生产过程中的地位和作用，可以采用投入产出表中的“中间需求率”和“中间投入率”两种指标。

（一）中间需求率

中间需求率又称作直接前向关联度系数，是指在该产业部门的总需求中的中间需求

（即中间使用）的占比。在投入产出表中就是各产业的横向的中间产品的分配系数之和，反映了某一产业部门的产出中，有多少是作为中间产品被其他产业生产所需求，是反映该产业技术特征的一个重要指标。如果以 i 表示该产业，j 表示与其前向关联的各产业部门，则 i 产业的前向关联度系数的公式是：

$$G_i = \frac{\sum_{j=1}^{n} x_{ij}}{X_i}, (i = 1, 2, \cdots, n) \qquad \text{式 } 5-1$$

式 5 - 1 中，$\sum_{j=1}^{n} x_{ij}$ 为各产业对 i 产业的中间需求合计值；X_i 为 i 产业部门的总产值。通常中间需求率满足以下公式：

中间需求率 + 最终需求率 = 1

由以上公式可知，中间需求率越高，其产出用作其他产业原材料的成分就越大，该产业属于中间品产业。相应地，中间需求率越低，其产出用作最终需求的比率就越高，该产业就越具有最终产品产业的特点。

（二）中间投入率

中间投入率又称为直接后向关联系数，是指各产业部门的生产投入当中，原材料投入的占比。在投入产出表中就是各产业的纵向的中间投入的系数之和，反映各产业在其生产活动中，生产 1 单位产出，需要从其他产业购进的原材料在其中所占的比重。如果用 j 表示该产业，i 表示与其后向关联的各产业部门，中间投入率的表达式为：

$$B_j = \frac{\sum_{i=1}^{n} x_{ij}}{X_j}, (j = 1, 2, \cdots, n) \qquad \text{式 } 5-2$$

式中，$\sum_{i=1}^{n} x_{ij}$ 为各产业对 j 产业的中间投入合计数；X_j 为 j 产业部门的总投入。通常中间投入率满足以下公式：

中间投入率 + 增加值率 = 1

由以上公式可知，中间投入率越高，该产业的增加值率就越低，就属于低附加价值部门；反之，中间投入率越高，该产业的增加值就越高，就属于高附加价值部门。通常来说，中间投入率高的产业是投入原材料较多的加工制造业，中间投入率较低的行业属于劳动密集型的基础产业。

（三）中间需求率和中间投入率分析

如果计算出投入产出表的各部门的中间需求率和中间投入率并分别求出平均值 *AU* 和 *AZ*，放置于四个象限中，就可以形成产业立体结构，如图 5－1 所示。

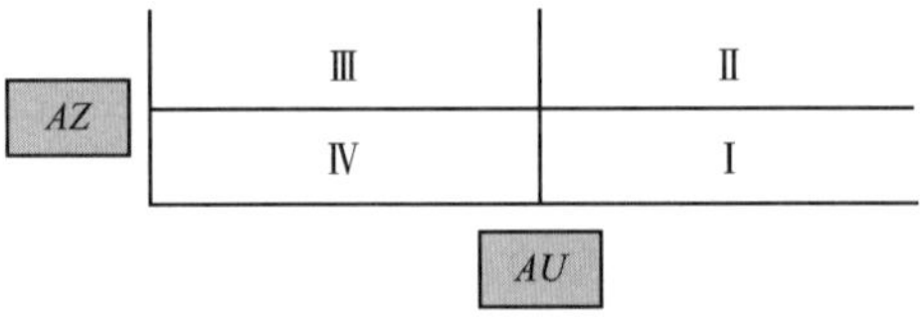

图 5－1　产业分类

第Ⅰ象限的产业是中间产品型基础产业，中间需求率比平均值高，但是中间投入率低于平均值。产业的特点是原材料投入相对较少，但是产出作为中间品大量供应给其他产业，农业属于非常典型的例子。

第Ⅱ象限的产业是中间产品型产业，中间需求率和中间投入率都大于平均值。产业的特点是需要的原材料投入较多，同时作为中间品被其他产业大量需求。

第Ⅲ象限的产业是最终需求型产业，中间需求率比平均值小，而中间投入率高于平均值。产业的特点是，原材料投入相对较多，产出大多作为最终产品被消费，大部分轻工业属于这类产业。

第Ⅳ象限的产业是最终需求型基础产业，中间需求率和中间投入率都比平均值小。产业的特点是，原材料投入相对较少，产出大多成为最终产品。

钱纳里、渡边经彦等经济学家曾根据美国、意大利、日本、挪威等国的投入产出表根据中间需求率和中间投入率将产业划分为四种类型（见表 5－1），其中，中间产品型基础产业的多数为原材料产业，如农业、林业、采矿、金属、煤炭等；中间产品型产业多为制造业，重工业居多；最终需求型产业则是制造业中的轻工业居多；最终需求型基础产业中则是服务业、运输、商业等第三产业占比多。

表 5－1　产业性质的归类划分

	中间需求率小	中间需求率大
中间投入率大	**Ⅲ　最终需求型产业** 日用杂货、造船、皮革及皮革制品、食品加工、粮食加工、运输设备、机械、木材、木材加工、非金属矿物制品、其他制造业	**Ⅱ　中间产品型产业** 钢铁、纸及纸制品、石油产品、有色金属冶炼、化学、煤炭加工、橡胶制品、纺织、印刷及出版
中间投入率小	**Ⅳ　最终需求型基础产业** 渔业、运输、商业、服务业	**Ⅰ　中间产品型基础产业** 农业、林业、煤炭、金属、采矿、石油及天然气、非金属采矿、电力

资料来源：转引自杨治．产业经济学导论，中国民大学出版社，1985.

三、案例分析：基于中日投入产出表的产业结构分析

钱纳里、渡边经彦等经济学家曾根据美国、意大利、日本、挪威等国的投入产出表通过中间需求率和中间投入率将产业划分为四种类型，但是由于国家的不同以及时间的变化，这些产业类型的划分也会出现变化。案例中以 2017 年的中国和日本的投入产出表对中国和日本各产业的需求率和投入率进行测算，根据表 5－2 的测算结果，对产业的性质进行划分。

测算时，将中国 2017 年 149 部门的投入产出表和日本 96 部门的 SNA 投入产出表①合并为相同部门定义的 37 部门投入产出表，可以看到在不同国家中产业性质可能并不完全相同。分析过程中也可能由于产业划分的细类的不同，对数据产生影响。中日各产业的中间需求率和中间投入率的数值参照表 5－2，根据上述数据，将中日的产业部门进行分类。

表 5－2　　中日分产业的中间需求率和中间投入率

产业类型	中国		日本	
	中间投入率	中间需求率	中间投入率	中间需求率
1　农业	0.404	0.620	0.513	0.630
2　林业	0.339	0.920	0.523	0.521
3　渔业	0.393	0.536	0.479	0.719
4　煤炭、石油及天然气开采	0.435	0.911	0.502	0.999
5　金属及非金属采矿	0.548	0.941	0.660	1.005
6　食品、烟草和饮料	0.764	0.285	0.647	0.232
7　纺织	0.821	0.580	0.568	0.758
8　针织及其他纤维制品	0.837	0.425	0.627	0.506
9　服装	0.817	0.327	0.671	0.312
10　皮革及皮革制品	0.793	0.135	0.614	0.182
11　木材加工	0.794	0.626	0.627	0.856
12　家具	0.776	0.188	0.638	0.774
13　纸和纸制品	0.782	0.677	0.723	0.609
14　印刷	0.712	0.933	0.531	0.928
15　其他制造工业	0.767	0.471	0.606	0.354
16　石油加工品	0.762	0.806	0.713	0.593

① 由于日本的投入产出表中的最终需求部分设置了“家计外消费支出（家庭外消费支出）”，而我国将此列数据放入内生部门。日本的 SNA 表与中国表更加接近，将“家计外消费支出（家庭外消费支出）”进行了内生化，因此，本案例采用了日本 2017 年 SNA 投入产出表进行分析。

续表

产业类型	中国		日本	
	中间投入率	中间需求率	中间投入率	中间需求率
17 煤炭加工品	0.656	0.915	0.822	0.957
18 化学制品	0.763	0.569	0.625	0.520
19 橡胶制品	0.772	0.718	0.525	0.651
20 塑料制品	0.789	0.685	0.678	0.620
21 非金属矿制品	0.713	0.763	0.543	0.784
22 钢铁	0.775	0.691	0.758	0.423
23 金属制品	0.757	0.678	0.573	0.841
24 机械设备	0.769	0.305	0.538	0.131
25 交通运输设备	0.779	0.174	0.707	0.097
26 民用电气机械	0.843	0.156	0.602	0.085
27 通信设备及相关设备	0.846	0.111	0.513	0.082
28 电子计算机及附属装置	0.879	0.302	0.536	0.008
29 电子零部件及其他电气机械	0.805	0.523	0.613	0.286
30 废弃物处理	0.163	0.893	0.423	0.494
31 电力燃气及水供应	0.679	0.627	0.634	0.577
32 建筑业	0.758	0.014	0.530	0.170
33 商业	0.335	0.654	0.325	0.355
34 交通运输	0.549	0.624	0.401	0.414
35 金融保险	0.427	0.687	0.362	0.439
36 农业服务及机械修理	0.577	0.705	0.404	0.842
37 其他服务业	0.485	0.255	0.366	0.129
平均	**0.672**	**0.552**	**0.571**	**0.510**

注：根据2017年中国和日本的投入产出表计算。中间需求率的是“除本产业之外的中间需求率”的平均。

由表5-3的数据可知，不同国家不同行业的性质并非一成不变。例如，对中日的产业类型进行比较发现，金融保险、商业、交通运输等许多服务业在我国具备中间品性质，而在日本更多地具备最终品性质。这是由于我国的服务业更多地为企业服务，参与到生产过程中，而日本则更多的是为个人服务，成为最终消费品，而未进入生产过程。

表5-3　　　　按中间需求率和中间投入率划分不同性质的产业群

		中间需求率小	中间需求率大
		Ⅲ最终需求型产业	Ⅱ中间产品型产业
中间投入率大	中国	6食品、8针织制品、9服装、10皮革及皮革制品、12家具、15其他制造业、24机械设备、25交通运输设备、26民用电气机械、27通信设备、28电子计算机、29电子零部件及其他电气机械、32建筑业	5金属及非金属采矿、7纺织、11木材加工、13纸和纸制品、14印刷、16石油加工工品、18化学制品、19橡胶制品、20塑料制品、21非金属矿制品、22钢铁、23金属制品、31电力燃力及水供应
	日本	2林业、6食品、8针织制品、9服装、10皮革及皮革制品、15其他制造业、25交通运输设备、26民用电气机械、29电子零部件及其他电气机械、22钢铁	5金属及非金属采矿、11木材加工、12家具、13纸和纸制品、16石油加工工品、17煤炭加工、18化学制品、20塑料制品、23金属制品、31电力燃力及水供应

续表

		中间需求率小	中间需求率大
		Ⅳ最终需求型基础产业	Ⅰ中间产品型基础产业
中间投入率小	中国	3 渔业、37 其他服务业	1 农业、2 林业、4 煤炭、石油及天然气开采、17 煤炭加工、30 废弃物处理、33 商业、34 交通运输、35 金融保险、36 农业服务及机械修理
	日本	24 机械设备、27 通信设备、28 电子计算机、30 废弃物处理、32 建筑业、33 商业、34 交通运输、35 金融保险、37 其他服务业	1 农业、3 渔业、4 煤炭石油开采、7 纺织、14 印刷、19 橡胶制品、21 非金属矿制品、36 农业服务及机械修理

第二节

产业国产化率的分析

国产化率是衡量产业对外依赖程度的重要指标。对进口的原材料和技术的依赖程度越高，国产化率就越低，提高国产化率是目前保障产业安全的重要途径和手段。利用非竞争进口型投入产出表可以对产业的国产化率水平进行分析。我国发布了 2017 年、2018 年和 2020 年的非竞争进口型投入产出表，为产业的国产化率水平的分析提供了可能。

一、产业的国产化率的测算公式

产业的国产化率水平有以下两种计算方式：

（1）以总产出作为分母，计算国产原材料和增加值所占比重。

（2）以原材料总投入作为分母，计算国产原材料的占比。

第一种方式在实际应用方面更为广泛，通常所说的国产化率主要是第一种方式计算的结果。依据此定义，主要是从投入产出表的纵向入手，计算产出中所包含的原材料及生产要素的国产占比。计算的结果与原材料市场的开放程度和国内生产价格竞争力等因素相关。通过非竞争进口型投入产出表，国产化比率根据公式 5－3 可以算出：

$$\tau_j^d = \frac{\left(\sum_i x_{ij}^d + V_j\right)}{x_j} \qquad \text{式 5－3}$$

计算出国产化比率，也就可以得到进口品的比率，即（1－国产化率）。上述方法计算的国产化率是考虑产品直接投入当中的原材料及劳动等生产要素中国产化的比率。

二、考虑产业关联作用下的国产化率水平

投入产出分析的特点是不仅考虑直接投入，而且同时考虑产业的间接投入。在计算国产化率时，仅考虑直接投入的国产化率水平时，将投入分为国内的原材料投入、进口原材料投入和增加值等三个部分。国内的原材料投入可以进一步分为国产原材料、进口原材料和增加值。不考虑产业关联的情况下，只考虑投入当中的最终环节是否在国内生产时，可以采用公式 5－3 计算国产化率。但是考虑到投入最终的加工环节虽然在国内，但是其他生产环节有可能处于国外时，也就是考虑间接进口时，国产化率实际上就是国内的增加值所占比率。进口比率就是溢出海外的增加值的比率。

非竞争进口型投入产出表的横向满足以下公式：

$$X = A^d X + F^d \quad \text{式 5－4}$$

$$m = A^m X + F^m \quad \text{式 5－5}$$

对公式 5－4 的 X 进行求解，可以得到式 5－6 所示的均衡产出公式：

$$X = (I - A^d)^{-1} F^d \quad \text{式 5－6}$$

列昂惕夫逆矩阵能够显示当最终需求增加 1 单位时，j 列的各产业产出的增加量。因此列昂惕夫逆矩阵与增加值率的行向量相乘，就可以得到各产业 1 单位产出所需要增加值。增加值率是 1 单位产出所对应的增加值，也可以看作是以增加值为基准的国产化率水平，如式 5－7 所示：

$$\tau^d = [1 \ \cdots \ 1]\begin{pmatrix} v_1 & \cdots & 0 \\ \vdots & \ddots & \vdots \\ 0 & \cdots & v_n \end{pmatrix}(I - A^d)^{-1} \quad \text{式 5－7}$$

增加值基准的进口比率则如公式 5－8 所示：

$$\tau^m = [1 \ \cdots \ 1] A^m (I - A^d)^{-1} \quad \text{式 5－8}$$

国产化率加上进口比率应该为 1，即 $\tau^d + \tau^m = 1$。因此，求出国产化率之后，也可以根据 $1 - \tau^d$ 得到进口比率。

第三节

产业结构的可视化

Skyline 图是将一国的产业结构分为国内最终需求、出口和进口三个部分，利用图形将

三者关系明示出来的一种便利的方法。Skyline 图所绘图形呈凹凸形状的柱状图，看上去如同高耸的建筑群，并在 100% 自给率处标注水平线，因此 Skyline 图形也被称作自给自足图（Self - Sufficiency Chart）。

通常的产业结构和贸易结构的研究，仅依据生产和贸易统计进行分析，这类分析只能把握各产业的生产规模及进出口金额，不能测算各产业在利用其他产业的投入进行生产时产生的波及效应，也不能测算生产出的产品作为中间投入提供给其他产业或者作为最终需求提供给消费者时产生的波及效应。与通常的统计分析方法不同，Skyline 图中显示的各产业的国内需求、进口及出口包含了间接效应，即产业波及效应。

最早利用 Skyline 图对产业结构进行的分析是 Leontief（1966）对以色列、美国、埃及和秘鲁等四个国家的分析。列昂惕夫绘制的以色列、埃及和秘鲁等三国的 Skyline 图，形状凹凸起伏，而且这三国的大部分产业不能自给自足。与之相反，美国的 Skyline 图相对比较平缓，大多数产业的自给率都在 100% 线之上。列昂惕夫认为 Skyline 图形可以用于判断一个国家所处的发展阶段，处于发展初级阶段的国家发展到成熟阶段时，Skyline 图将从剧烈凹凸的图形转变为平缓的图形。美国 Skyline 图较平缓说明美国经济进入了高度成熟的阶段，而图形呈现出凹凸激烈的以色列、埃及和秘鲁等国则处于经济发展的初级阶段。从 Skyline 图形的变化可以判断一个国家产业发展的现状，并可以预测未来的发展趋势。但是，1950 年以后，国际贸易的本质发生了改变，产业结构相近的发达国家间的国际贸易迅速扩大，发达国家自身不需要所有产业都达成自给自足，因此列昂惕夫的假说，即随着经济向成熟阶段发展自给图形会趋于平坦的理论也发生了改变。以下对 Skyline 图的含义及模型进行说明。

一、列昂惕夫的 Skyline 模型

均衡产出分析模型是最终需求发生变化时，需求和供给也同时发生相应变化而形成均衡生产量的模型。依据均衡生产量发生变化，也可推算出最终需求的变化。在此，将最终需求分为国内最终需求、出口和进口三个部分，测算出三个部分诱发的生产量。传统的 Skyline 模型中的进口作为外生变量，因此均衡产出模型如公式 5 - 9 所示：

$$X = [I - A]^{-1}Y \qquad \text{式 5 - 9}$$

在此，X 是各产业的国内生产额的列向量，I 是单位矩阵，A 是投入系数的矩阵，Y 是国内最终需求的列向量。将最终需求的 Y 分为：消费 C、投资 Q、出口 E 和进口 M 等四个部分，式 5 - 9 就变形为：

$$X = [I - A]^{-1}(C + Q + E - M)$$

$= [I-A]^{-1}(C+Q) + [I-A]^{-1}E - [I-A]^{-1}M$ 式 5－10

设 $[I-A]^{-1}$ 为 B，$(C+Q)$ 为 Y，那么公式 5－10 可改写为：

$X = BY + BE - BM = X^d + X^E - X^M$ 式 5－11

公式 5－11 的 X^d 是假定最终需求仅存在国内需求，不存在出口，也不需要进口的情形下，为了满足最终需求所需要的总生产。也就是说，是在不存在海外交易的前提下，仅用国内生产的产品满足国内最终需求的假定生产额；X^E 则是假设仅有出口，为了生产出口品所需要的假定生产额；X^M 则是假设所有进口品在国内生产时，生产这些进口品所需要的假定生产额。实际的生产 X 是 X^d、X^E 和 X^M 三个假定生产额的合计。

将式 5－11 两边除以 X^d，可以得到：

$$\frac{X}{X^D} = \frac{X^D}{X^D} + \frac{X^E}{X^D} - \frac{X^M}{X^D}$$ 式 5－12

$\frac{X}{X^D}$就是产业的自给率，用 s 表示，$\frac{X^E}{X^D}$是出口率，用字母 e 表示，$\frac{X^M}{X^D}$是进口率，用字母 m 表示，那么，

$s = 1 + e - m$ 式 5－13

当某个产业的 $e = m$ 时，产业的自给率达到 100%；当 $e > m$，自给率超过 100%；当 $e < m$，自给率不足 100%，国内生产不能满足国内最终需求。

Skyline 图是以公式 5－12 所示的 X、X^D、X^E、X^M 的相对值为基础构建的图形。利用图示的方式表示产业自给率、进口率和出口率的各部分。图 5－2 是列昂惕夫的 Skyline 示意图。长方形柱体的横向宽度表示的是产业部门的实际生产额的占比，各产业的生产规模越大，在横轴所占的宽度越宽。纵向的各部分高度表示的是最终使用所诱发的生产额的比值。图中白色方框的高度表示了一国某个产业的自给率，由图 5－2 表示的产业的自给率 s 超过了 100%，说明此产业的生产不仅可以满足本国的需求，还有余力出口到其他国家，

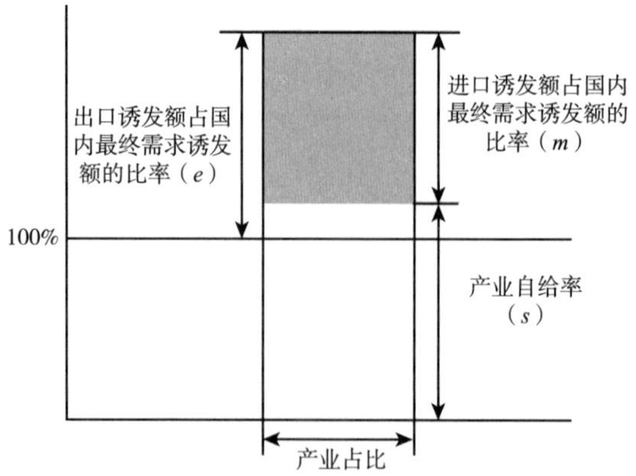

图 5－2 列昂惕夫的 Skyline 示意图

满足他国的需求。超过100%线（也称作自给自足线）到柱状图顶部的距离表示一国出口诱发额的占比 e，可知将各产业出口和进口的占比及产业自给率利用图示的方式表示，由图形可观察各产业的自给率状况。深灰色部分的高度是 m，显示的是进口诱发额的占比。

二、改良的 Skyline 模型

列昂惕夫提出的 Skyline 模型采用的是进口外生型的均衡产出模型，宫川（2005）认为国际分工的发展导致生产网络更加复杂，传统的 Skyline 模型不能准确把握产业国际化所形成的新的产业贸易结构，因此有必要对满足国内最终使用的进口品和用于出口生产而使用的中间投入的进口品进行区分和识别。宫川（2005）采用了进口内生模型的均衡产出模型，将进口进一步进行区分，提出了 Skyline 改良模型。

为了区分国内最终使用的进口品和用于出口生产而使用的中间投入的进口品，这里假设进口是与国内使用（包括中间使用和国内最终使用）成比例的，从而导入进口系数，用公式表示为：

$$\text{进口系数} = \frac{\text{进口}}{\text{国内需求}} = \frac{\text{进口}}{\text{中间需求} + \text{国内最终需求}}$$

那么，

$m_i = \dfrac{M_i}{a_{i1}X_1 + \cdots + a_{in}X_n + Y_i}$，变形后，

$$M_i = m_i(a_{i1}X_1 + \cdots + a_{in}X_n + Y_i)$$

由进口系数的定义可知，进口可以由进口系数和国内需求的积表示。各部门的进口如果用矩阵表示，就变形为以下公式：

$$\begin{pmatrix} M_1 \\ \vdots \\ M_n \end{pmatrix} = \begin{pmatrix} m_1 & & 0 \\ & \ddots & \\ 0 & & m_n \end{pmatrix} \left[\begin{pmatrix} a_{11} & \cdots & a_{1n} \\ \vdots & & \vdots \\ a_{n1} & \cdots & a_{nn} \end{pmatrix} \begin{pmatrix} X_1 \\ \vdots \\ X_n \end{pmatrix} + \begin{pmatrix} Y_1 \\ \vdots \\ Y_n \end{pmatrix} \right]$$

在此，将进口系数 m_i 用对角要素表示，非对角要素全部为0的对角矩阵设为 $\hat{M}$，即，

$$\hat{M} = \begin{pmatrix} m_1 & & 0 \\ & \ddots & \\ 0 & & m_n \end{pmatrix}$$

得到：

$$M = \hat{M}(AX + Y) \qquad \text{式 5-14}$$

将公式 5 - 14 代入投入产出平衡式 $AX + Y + E - M = X$，则变形为公式 5 - 15：

$$AX + Y + E - \hat{M}(AX + Y) = X \quad \text{式 5 - 15}$$

公式 5 - 15 经过整理，得出进口内生型均衡产出模型：

$$X = [I - (I - \hat{M})A]^{-1}[(I - \hat{M})Y + E] \quad \text{式 5 - 16}$$

将公式 5 - 16 的 $[I - (I - \hat{M})A]^{-1}$ 用 B_d 进行替换，代入均衡产出模型 $X = (I - A)^{-1}(Y + E - M)$，整理后得到以下公式：

$$M = \hat{M}Y + \hat{M}AB_d(I - \hat{M})Y + \hat{M}AB_dE \quad \text{式 5 - 17}$$

在此，进口分为三个部分，$\hat{M}Y$ 是满足国内最终需求所需要的进口品，$\hat{M}AB_d(I - \hat{M})Y$ 是国内最终需求诱发的生产中的进口中间投入部分，$\hat{M}AB_dE$ 是出口诱发的国内生产中使用的进口中间投入。将国内最终需求诱发的部分进行合并，即将 $\hat{M}Y$ 与 $\hat{M}AB_d(I - \hat{M})Y$ 进行合并，得到以下公式：

$$M = [\hat{M}AB_d(I - \hat{M}) + \hat{M}]Y + \hat{M}AB_dE \quad \text{式 5 - 18}$$

根据公式 5 - 18，每个部门的进口可以分为国内最终需求诱发的部分和出口诱发的部分。将公式 5 - 18 代入公式 $X^M = BM$，可以得到公式 5 - 19：

$$\begin{aligned} X^M &= B\{[\hat{M}AB_d(I - \hat{M}) + \hat{M}]Y + \hat{M}AB_dE\} \\ &= B\{[\hat{M}AB_d(I - \hat{M}) + \hat{M}]Y\} + B\hat{M}AB_dE \quad \text{式 5 - 19} \\ &= X^{M*} + X^{ME*} \end{aligned}$$

由公式 5 - 19 可知，Skyline 的进口分为两个部分，其中，X^{M*} 代表国内最终需求诱发的进口中间投入和消费品在国内生产时所需要的生产额，X^{ME*} 是出口诱发的进口中间投入在国内生产时所需要的各部门的生产额。

公式 5 - 11 的 $X^E = BE$，不仅包括出口诱发的生产额，还包括出口品生产时作为中间投入所用到的进口在国内生产时所诱发的生产额。因此，如某种原材料在本国无法生产，但在出口产品的生产中被大量使用，该部门的 X^E 诱发的不仅是本国的生产，还可能诱发国外的生产，如果单纯采用 BE 代表生产诱发额，将过高估算了出口诱发额。为了明确出口诱发的实际状况，有必要将 X^E 进一步细分为对国内产品的生产诱发和对进口中间投入的诱发两个部分。国内产品的生产诱发部分用 B_dE 表示，从公式 5 - 19 可以得出进口中间投入的诱发部分可以用 $B\hat{M}AB_dE$ 表示。由 $X^E = BE$ 的公式也可以推导出相同的结果，具体如下所示：

$$\begin{aligned} X^E &= BE = (I - A)^{-1}E \\ &= [I + (I - A)^{-1}\hat{M}A][I - (I - \hat{M})A]^{-1}E \quad \text{式 5 - 20} \\ &= B_dE + B\hat{M}AB_dE \\ &= X^{E*} + X^{ME*} \end{aligned}$$

如公式 5－20 所示，X^E 也被分解为出口诱发的国内生产 X^{E*} 和出口诱发的进口中间投入 X^{ME*} 两个部分。X^{ME*} 可以从出口和进口两个方面进行解释。列昂惕夫的 Skyline 平衡式，经过改良后，可以用公式 5－21 表示：

$$X = X^d + (X^E + X^{ME*}) - (X^{M*} + X^{ME*}) \qquad \text{式 5－21}$$

将式 5－21 两边除以 X^d，并且 $\frac{X^{ME*}}{X^D}$ 为 θ，自给率公式可以改写为：

$$s = 1 + e - m = 1 + (e + me) - (m + me) \qquad \text{式 5－22}$$

公式 5－22 的自给率与列昂惕夫的 Skyline 图的自给率相同，但是多了 θ 部分，也就是将加工贸易的比率在图中进一步进行了区分，图形的内容更加丰富。

图 5－3 改良的 Skyline 图在原有的 Skyline 图形的基础上，增加了黑色部分，将原有的深色的部分分为深灰和黑色部分，其他部分保持不变。图 5－3 的黑色方框的高度表示为出口诱发的进口中间投入品所占比例，通常是满足国外需求进口的中间原材料等，深灰色部分方框的高度是国内需求诱发的进口中间投入的占比。改良的 Skyline 图形细化了进口所包含的内容更加丰富，应用范围更广。

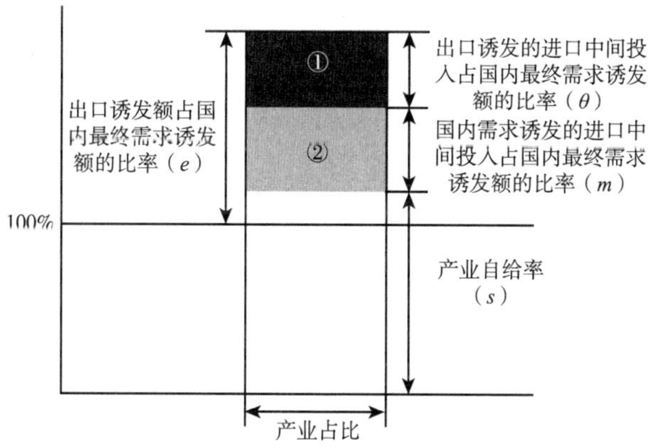

图 5－3　列昂惕夫的 Skyline 示意图

①为黑色部分；②为深灰部分。

第四节

产业结构变化的原因分析

一、分析产业结构变化原因所采用的投入产出表

一国的产业结构在不同时期会发生改变。造成产业结构变化的原因是什么，可以通过

固定价格的时间序列的投入产出表进行分析。

现在少数国家（如日本）公布时间序列表，大多数国家仅公布当年价格的金额表。我国的时间序列投入产出表起步较晚，最早公开发表的时间序列表是中国国家统计局和香港中文大学共同编制的以1990年价格为基准的1981—83—87—90—92—95年18部门的投入产出表和1987—90—92—95年30部门表，之后陆续有研究者尝试编制了中国的时间序列表。但是至今为止国家统计局未进行时间序列表的定期编制工作。现有中国最新的时间序列表是人民大学的张红霞等（2021）编制的1981—2018年中国时间序列投入产出表，发布在中国投入产出学会的官网上，但采用的是当年价格，未转换为固定价格表。

在分析不同时期的产业结构变化的原因时，应当采用不同时期的数量表进行分析。因此需要将不同时期的当年价格表转换为固定价格后再进行产业结构变化的原因分析。

二、产业结果变化的原因分析模型

不同时期的国内总产出可能发生变动，如公式5－23所示：

$$\Delta X = X_t - X_0 \qquad \text{式 } 5-23$$

在此，X_0 是基期年份的总产出，X_t 是比较期年份的总产出。根据两个时期的竞争进口型投入产出表的进口内生型均衡产出模型，可以得到均衡式5－24：

$$X_t = [I-(I-\hat{M}_t)A_t]^{-1}[(I-\hat{M}_t)FD_t+E_t]$$

$$X_0 = [I-(I-\hat{M}_0)A_0]^{-1}[(I-\hat{M}_0)FD_0+E_0] \qquad \text{式 } 5-24$$

将列昂惕夫逆矩阵进行置换，公式5－24可以改写为公式5－25：

$$B_t = [I-(I-\hat{M}_t)A_t]^{-1}$$

$$B_0 = [I-(I-\hat{M}_0)A_0]^{-1} \qquad \text{式 } 5-25$$

两个时期的逆矩阵及最终需求的差可以表示为：

$$\Delta B = B_t - B_0 \qquad \text{式 } 5-26$$

$$\Delta[(I-\hat{M})FD+E] = [(I-\hat{M}_t)FD_t+E_t]-[(I-\hat{M}_0)FD_0+E_0] \qquad \text{式 } 5-27$$

将公式5－24和公式5－25代入公式5－23，得到公式5－28：

$$\Delta X = B_t[(I-\hat{M}_t)FD_t+E_t]-B_0[(I-\hat{M}_0)FD_0+E_0] \qquad \text{式 } 5-28$$

将公式5－26和公式5－27代入公式5－28，整理后，得到公式5－29：

$$\begin{aligned}\Delta X &= (B_0+\Delta B)[(I-\hat{M}_0)FD_0+E_0]+\Delta[(I-\hat{M})FD+E]-B_0[(I-\hat{M}_0)FD_0+E_0] \\ &= B_0\cdot\Delta[(I-\hat{M})FD+E]+\Delta B\cdot[(I-\hat{M}_0)FD_0+E_0]+\Delta B\Delta[(I-\hat{M})FD+E]\end{aligned}$$

式5－29

公式5－29的 $B_0\cdot\Delta[(I-\hat{M})FD+E]$ 表示最终需求的结构变化引起的产业结构变化，

$\Delta B \cdot [(I - \hat{M}_0)FD_0 + E_0]$ 表示技术变化（列昂惕夫逆矩阵的变化）引起的产业结构的变化，$\Delta B \cdot [(I - \hat{M})FD + E]$ 表示二者兼有之的部分。

利用投入产出表对产业结构进行分析的方法还可以扩展到非常多的方面，正因为投入产出表反映了各部门之间的各种关系，因此能够更加详尽和直观地反映出产业结构的方方面面，对于产业结构的分析方面有着较为突出的优势。

中篇

区域投入产出分析

第六章　区域投入产出分析的理论和基础

上一章为止的投入产出分析，是以一国经济为对象测算最终需求变化导致各产业的直接和间接波及效应。一国由无数的区域组成，在特定区域内产业之间的关系以及与其他地区之间的关联效应的分析，需要依靠区域投入产出的分析。本章对地区投入产出表的结构及相关理论进行说明。

第一节

我国区域投入产出表的编制状况

区域投入产出表是将一个国家分为各个地区，反映区域间各产业关系的投入产出表。与全国投入产出表相同，横向表示各产业的产品去向，纵向则反映了产品的生产成本。但是由于作为一国中的其中一个区域，必然与国内其他地区产生交易关系，因此增加了表示各区域之间的交易关系项。

区域投入产出表的对外交易项分为对国外部分和对省外部分，前者就是全国表的进口项，后者则是该地区的产品和服务流出到其他地区，记录为调出项，其他地区的产品和服务进入该地区，记录为调入项。调入项记录的是该省份成为其他省份的产品进入的最终目的地，不包括取道经过的产品。调出刚好相反，记录的是流出的产品，不包括最终又回到该地区的产品。调入调出与全国投入产出表中的进口和出口相同，调出项需要加入产出当中，产出需要减去调入项。由于调入调出是各地区间商品的流动，因此，理论上一国各区域的调出项的加总值应当与各区域的调入项加总值相等。

全国投入产出表中对于进口的处理方式的不同，分为竞争进口型和非竞争进口型投入产出表，同样，区域投入产出表同样对调入调出的处理方式的不同，分为竞争调入型和非竞争调入型表。区域投入产出表分为特定的单一地区的地区内投入产出表和包括2个地区以上的地区间投入产出表。

我国31个省（市、自治区）统计局编制与国家投入产出表编制年份一致的各省（市、自治区）投入产出表，通常是尾数2和7的各省（市、自治区）的投入产出表，属于地区内竞争调入型投入产出表。各省（市、自治区）公布的投入产出表的部门数存在差异，如浙江和广东省统计局公布的2017年投入产出表有42部门分类投入产出表，同时公布了142部门的细分类表，但是部分省（市、自治区）仅公布42部门的投入产出表。

区域内投入产出表可以对某个特定地区的区域内产业之间相互关系等进行分析，但区域内投入产出表记录的调入调出是所有产业的调入调出的合计，并未显示各产业的调入调出的状况，因此无法对该地区与其他区域产业之间的相互依存关系进行分析。

区域间投入产出表不仅显示地区之间的经济相互依存关系，而且能够反映地区之间产业之间的关系。因此区域间投入产出表与区域内投入产出表相比，能够提供更多的信息量，而且分析应用面更加广泛。某一地区的投资开发不仅对当地产生影响，通过产品及服务的调入调出对周边经济也产生波及效应，而这种波及效应又再次影响该地区的经济。因此区域间波及效应可以通过区域间投入产出模型进行分析。

由于区域间投入产出表的编制需要大量地区间的贸易运输等数据，推算工作非常复杂，我国对于区域间投入产出表的编制起步较晚。我国的区域间投入产出表开始于1990年左右，1990年，在联合国区域发展中心（UNCRD）资助下，由市村真一和王慧炯负责，与国家统计局和国务院发展研究中心共同编制了7区域、9部门的区域间投入产出表。近年多个研究团队编制了中国国内的区域间投入产出表。其中，国家信息中心将全国分为8个区域，编制了1997年、2002年和2007年的17个部门的区域间投入产出表；中科院可持续发展分析与模拟重点实验室编制了2007年和2010年30省份30部门的区域间投入产出表，上述区域间投入产出表均为非竞争型表。

区域投入产出表与全国投入产出表基本类似，编制的基本原则与全国表相同，但由于全国表被分为不同区域，因此产生一些区域表所特有的问题。例如，区域表的调入调出比率大大高于进口和出口比率，而且区域表的中间品处理更加复杂。有可能在某个区域的中间品运送到另外的区域进行进一步加工成为制成品，在区域表中，中间品需要记录为此区域的调出，在另一区域记录为调入，但是全国表中并不需要体现这个交易过程。由于区域间投入产出表编制的复杂性以及数据需求的多样性等因素，国家统计局未统一编制并发布区域间投入产出表。虽然国务院发展研究中心、国家信息中心或中科院等研究机构编制了区域间投入产出表，但是发布时间的连续性和及时性等有所欠缺。

第二节

区域内竞争调入型投入产出模型

如上文所述，区域投入产出表同样根据调入调出的处理方式的不同，分为竞争调入型和非竞争调入型表，针对区域多寡分为区域内投入产出表和地区间投入产出表。由于我国现阶段并未编制区域内非竞争调入型投入产出表，因此以下仅对区域内竞争调入型投入产出模型进行说明。

区域内竞争调入型投入产出模型在结构上与全国表基本一致，仅仅多了调入和调出项（见表 6－1）。区域内表虽然提供的信息相对较少，但我国各省份都定期编制各省份投入产出表，而且部门划分和编制年份与全国表保持一致，应用范围较广泛。

表 6－1　　　　区域内竞争调入型投入产出表

		中间需求					区域内最终需求	出口	调出	进口	调入	区域内总产出
产业		1	…	j	…	n						
中间投入	1	x_{11}	…	x_{1j}	…	x_{1n}	F_1	E_1	U_1	M_1	N_1	X_1
	⋮	⋮	⋱	⋮	⋱	⋮	⋮	⋮	⋮	⋮	⋮	⋮
	i	x_{i1}	…	x_{ij}	…	x_{1n}	F_i	E_i	U_i	M_i	N_i	X_i
	⋮	⋮	⋱	⋮	⋱	⋮	⋮	⋮	⋮	⋮	⋮	⋮
	n	x_{n1}	…	x_{nj}	…	x_{nn}	F_n	E_n	U_n	M_n	N_n	X_n
增加值		V_1	…	V_j	…	V_n						
区域内总产出		X_1	…	X_j	…	X_n						

表 6－1 是区域内竞争调入型投入产出表模型，根据表 6－1 的区域内竞争调入型投入产出表的横向关系，可以得到供需平衡式 6－1：

$$\begin{cases} x_{11}+\cdots+x_{1j}+\cdots+x_{1n}+F_1+E_1+U_1-M_1-N_1=X_1 \\ \vdots \\ x_{i1}+\cdots+x_{ij}+\cdots+x_{in}+F_i+E_i+U_i-M_i-N_i=X_i \\ \vdots \\ x_{n1}+\cdots+x_{nj}+\cdots+x_{nn}+F_n+E_n+U_n-M_n-N_n=X_n \end{cases} \quad \text{式 } 6-1$$

由于，$\boldsymbol{a}_{ij}=\frac{\boldsymbol{x}_{ij}}{\boldsymbol{X}_j}\Rightarrow \boldsymbol{x}_{ij}=\boldsymbol{a}_{ij}\cdot \boldsymbol{X}_j$，那么，公式 6－1 可以变形为公式 6－1′：

$$\begin{cases} a_{11}X_1+\cdots+a_{1j}X_j+\cdots+a_{1n}X_n+F_1+E_1+U_1-M_1-N_1=X_1 \\ \vdots \\ a_{i1}X_1+\cdots+a_{ij}X_j+\cdots+a_{in}X_n+F_i+E_i+U_i-M_i-N_i=X_i \\ \vdots \\ a_{n1}X_1+\cdots+a_{nj}X_j+\cdots+a_{nn}X_n+F_n+E_n+U_n-M_n-N_n=X_n \end{cases} \quad \text{式 } 6-1'$$

用矩阵的形式表示公式 6－1′，可变换为 6－1″：

$$\begin{pmatrix} a_{11} & \cdots & a_{1j} & \cdots & a_{1n} \\ \vdots & \ddots & \vdots & \ddots & \vdots \\ a_{i1} & \cdots & a_{ij} & \cdots & a_{in} \\ \vdots & \ddots & \vdots & \ddots & \vdots \\ a_{n1} & \cdots & a_{nj} & \cdots & a_{nn} \end{pmatrix}\begin{pmatrix} X_1 \\ \vdots \\ X_j \\ \vdots \\ X_n \end{pmatrix}+\begin{pmatrix} F_1 \\ \vdots \\ F_j \\ \vdots \\ F_n \end{pmatrix}+\begin{pmatrix} E_1 \\ \vdots \\ E_j \\ \vdots \\ E_n \end{pmatrix}+\begin{pmatrix} U_1 \\ \vdots \\ U_j \\ \vdots \\ U_n \end{pmatrix}-\begin{pmatrix} M_1 \\ \vdots \\ M_j \\ \vdots \\ M_n \end{pmatrix}-\begin{pmatrix} N_1 \\ \vdots \\ N_j \\ \vdots \\ N_n \end{pmatrix}=\begin{pmatrix} X_1 \\ \vdots \\ X_j \\ \vdots \\ X_n \end{pmatrix} \quad \text{式 } 6-1''$$

在此，如果投入系数为矩阵 A，各产业的产出为列向量 X，最终需求的列向量为 F，出口的列向量为 E，调出的列向量为 U，进口的列向量为 M，调入的列向量为 N，那么公式 6－1″可以表示为公式 6－2：

$$AX+F+E+U-M-N=X \quad \text{式 } 6-2$$

对 X 求解，得到公式 6－3：

$$X-AX=F+E+U-M-N$$

$$(I-A)X=F+E+U-M-N$$

$$\therefore \quad X=(I-A)^{-1}(F+E+U-M-N) \quad \text{式 } 6-3$$

公式 6－3 的进口和调入为外生变量，因此需要变换为内生变量。假设进口与调入在区域内的需求均为相同的比率，如公式 6－4 所示：

$$M=\hat{M}(AX+F)$$

$$N=\hat{N}(AX+F) \quad \text{式 } 6-4$$

在此，$\hat{M}$ 是对角要素为进口系数 m_i 的对角矩阵，设 $\hat{N}$ 是对角要素为调入系数 n_i 的对

角矩阵，非对角要素全部为 0，即，

$$\hat{M} = \begin{pmatrix} m_1 & 0 & 0 \\ 0 & \ddots & 0 \\ 0 & 0 & m_n \end{pmatrix},\ \hat{N} = \begin{pmatrix} n_1 & 0 & 0 \\ 0 & \ddots & 0 \\ 0 & 0 & n_n \end{pmatrix}$$

将式 6－4 代入公式 6－2，则变形为：

$$AX + F + E + U - \hat{M}(AX + F) - \hat{N}(AX + F) = X$$

将上式进行整理，得到进口内生型的供需平衡式 6－5：

$$(I - \hat{M} - \hat{N})AX + (I - \hat{M} - \hat{N})F + E + U = X \qquad \text{式 } 6-5$$

对 X 进行求解，得出进口内生型均衡产出模型，如式 6－6 所示：

$$X = [I - (I - \hat{M} - \hat{N})A]^{-1}[(I - \hat{M} - \hat{N})F + E + U] \qquad \text{式 } 6-6$$

此模型的外生变量只有国内最终需求 F、出口 E 和调出 U，进口和调入成为内生变量，区域内总产出 X 由区域内最终需求 F、出口 E 和调出 U 决定。

式 6－6 中的（$I - \hat{M} - \hat{N}$）是对角要素为区域内自给率 $1 - m_i - n_i$，其他非对角要素全部为 0 的对角矩阵，表示为：

$$I - \hat{M} - \hat{N} = \begin{pmatrix} 1 - m_i - n_i & 0 & 0 \\ 0 & \ddots & 0 \\ 0 & 0 & 1 - m_n - n_n \end{pmatrix}$$

区域内自给率就是区域内生产的产品占区域内需求的比率，区域内自给率与调入率及进口率相加为 1。

式 6－6 中（$I - \hat{M} - \hat{N})A$ 是将包含进口品及调入品在内的投入系数乘以各部门的区域内的自给率 $1 - m_i - n_i$ 的值，是区域内产品的投入系数。根据公式 6－6 可以计算该区域内各产业的生产诱发额。另外，由于此模型假定各产业所包含的进口比率和调入比率相同，因此，保证了投入系数的安定性，适用于区域内的生产波及效应及经济预测等分析。

第三节

区域间投入产出模型

区域间投入产出模型分为以非竞争调入型投入产出表为基础形成的 IRIO 模型（Interregional Input－Output Model）和以区域间竞争调入型投入产出表为基础形成的 MRIO 模型

(Multiregional Input - Output Model) 等两种模型。

IRIO 模型是由 W. Isard (1951) 最早提出，也称作 Irsard 模型。IRIO 模型详细描述了各产业及服务的交易状况，需要详尽的基础统计数据才可能编制，因此仅有少部分国家有足够的数据编制 IRIO 区域间投入产出表。

由于编制 IRIO 需要大量繁杂数据，而且投入系数存在不安定等问题，Chenery (1953) 和 Moses (1955) 先后提出了 MRIO 区域间投入产出模型，也称作 Chenery - Moses 模型。MRIO 模型属于区域间竞争调入型投入产出模型，舍弃了复杂的数据处理，极大地简化了 IRIO 模型，而且克服了投入系数不安定的问题，因此获得了广泛应用。

一、IRIO 区域间投入产出模型

以下以 2 个区域 2 个产业部门表（见表 6 - 2）对 Irsard 的区域间非竞争调入型投入产出模型进行说明。x_{ij}^{rs}表示的是货物及服务的交易关系。右上角的 rs 说明货物及服务由区域 r 流向区域 s，下方的 ij 表示货物和服务由 i 产业流向 j 产业。x_{ij}^{rs}代表了区域 r 的产业 i 对区域 s 产业 j 的投入金额。如果 $r=s$，那么说明是区域内 i 产业对 j 产业的投入，就成为区域内的交易。如表 6 - 2 所示，是 2 区域 2 部门表，因此 x_{11}^{11}的右上角的 $r=s=1$，属于区域内的产业 1 对产业 1 的投入金额，x_{21}^{11}是区域内的产业 2 对产业 1 的投入金额；x_{11}^{21}代表区域 2 的产业 1 对区域 1 的产业 1 的投入金额，x_{21}^{21}代表区域 2 的产业 2 对区域 1 的产业 1 的投入金额。

表 6 - 2　　区域间非竞争调入型投入产出表

需求 (s) / 供给 (r)		中间需求				最终需求		出口	进口	区域内总产出
		区域 1		区域 2		区域 1	区域 2			
		产业 1	产业 2	产业 1	产业 2					
区域 1	产业 1	x_{11}^{11}	x_{12}^{11}	x_{11}^{12}	x_{12}^{12}	F_1^{11}	F_1^{12}	E_1^1	M_1^1	X_1^1
	产业 2	x_{21}^{11}	x_{22}^{11}	x_{21}^{12}	x_{22}^{12}	F_2^{11}	F_2^{12}	E_2^1	M_2^1	X_2^1
区域 2	产业 1	x_{11}^{21}	x_{12}^{21}	x_{11}^{22}	x_{12}^{22}	F_1^{21}	F_1^{22}	E_1^2	M_1^2	X_1^2
	产业 2	x_{21}^{21}	x_{22}^{21}	x_{21}^{22}	x_{22}^{22}	F_2^{21}	F_2^{22}	E_2^2	M_2^2	X_2^2
增加值		V_1^1	V_2^1	V_1^2	V_2^2					
区域内总产出		X_1^1	X_2^1	X_1^2	X_2^2					

表 6 - 2 与全国投入产出表相同，横向表示产品和服务的需求，纵向反映了产品和服务的成本结构。表 6 - 2 显示了横向的供需均衡，如公式 6 - 7 所示：

$$\begin{cases} x_{11}^{11}+x_{12}^{11}+x_{11}^{12}+x_{12}^{12}+F_1^{11}+F_1^{12}+E_1^1-M_1^1=X_1^1 \\ x_{21}^{11}+x_{22}^{11}+x_{21}^{12}+x_{22}^{12}+F_2^{11}+F_2^{12}+E_2^1-M_2^1=X_2^1 \\ x_{11}^{21}+x_{12}^{21}+x_{11}^{22}+x_{12}^{22}+F_1^{21}+F_1^{22}+E_1^2-M_1^2=X_1^2 \\ x_{21}^{21}+x_{22}^{21}+x_{21}^{22}+x_{22}^{22}+F_2^{21}+F_2^{22}+E_2^2-M_2^2=X_2^2 \end{cases} \qquad \text{式 } 6-7$$

由于，$\boldsymbol{a}_{ij}=\dfrac{\boldsymbol{x}_{ij}}{\boldsymbol{X}_j}\Rightarrow\boldsymbol{x}_{ij}=\boldsymbol{a}_{ij}\cdot\boldsymbol{X}_j$，

公式 6－7 可以变形为：

$$\begin{cases} a_{11}^{11}X_1^1+a_{12}^{11}X_2^1+a_{11}^{12}X_1^2+a_{12}^{12}X_2^2+F_1^{11}+F_1^{12}+E_1^1-M_1^1=X_1^1 \\ a_{21}^{11}X_1^1+a_{22}^{11}X_2^1+a_{21}^{12}X_1^2+a_{22}^{12}X_2^2+F_2^{11}+F_2^{12}+E_2^1-M_2^1=X_2^1 \\ a_{11}^{21}X_1^1+a_{12}^{21}X_2^1+a_{11}^{22}X_1^2+a_{12}^{22}X_2^2+F_1^{21}+F_1^{22}+E_1^2-M_1^2=X_1^2 \\ a_{21}^{21}X_1^1+a_{22}^{21}X_2^1+a_{21}^{22}X_1^2+a_{22}^{22}X_2^2+F_2^{21}+F_2^{22}+E_2^2-M_2^2=X_2^2 \end{cases} \qquad \text{式 } 6-7'$$

令 $M=\hat{M}\cdot X$，$\hat{M}$ 是对角要素为进口系数 m_i 的对角矩阵，公式 6－7′可改写为 6－7″ 的矩阵形式：

$$\begin{pmatrix} a_{11}^{11} & a_{12}^{11} & a_{11}^{12} & a_{12}^{12} \\ a_{21}^{11} & a_{22}^{11} & a_{21}^{12} & a_{22}^{12} \\ a_{11}^{21} & a_{12}^{21} & a_{11}^{22} & a_{12}^{22} \\ a_{21}^{21} & a_{22}^{21} & a_{21}^{22} & a_{22}^{22} \end{pmatrix}\begin{pmatrix} X_1^1 \\ X_2^1 \\ X_1^2 \\ X_2^2 \end{pmatrix}+\begin{pmatrix} F_1^{11}+F_1^{12} \\ F_2^{11}+F_2^{12} \\ F_1^{21}+F_1^{22} \\ F_2^{21}+F_2^{22} \end{pmatrix}+\begin{pmatrix} E_1^1 \\ E_2^1 \\ E_1^2 \\ E_2^2 \end{pmatrix}-\begin{pmatrix} m_1^1 & 0 & 0 & 0 \\ 0 & m_2^1 & 0 & 0 \\ 0 & 0 & m_1^2 & 0 \\ 0 & 0 & 0 & m_2^2 \end{pmatrix}\begin{pmatrix} X_1^1 \\ X_2^1 \\ X_1^2 \\ X_2^2 \end{pmatrix}=\begin{pmatrix} X_1^1 \\ X_2^1 \\ X_1^2 \\ X_2^2 \end{pmatrix}$$

式 6－7″

在此，矩阵 A 为投入系数，列向量 X 为各产业的产出，F 为最终需求的矩阵，E 为出口的列向量，M 为进口的列向量，那么，公式 6－7″可以表示为公式 6－8：

$$AX+F+E-\hat{M}\cdot X=X \qquad \text{式 } 6-8$$

对公式 6－8 的 X 求解，得到 IRIO 区域间投入产出模型：

$$X-AX+\hat{M}\cdot X=F+E$$

$$(I-A+\hat{M})X=F+E$$

$$\boxed{\therefore\quad X=(I-A+\hat{M})^{-1}(F+E)} \qquad \text{式 } 6-9$$

IRIO 区域间投入产出模型说明通过各区域的最终需求 F 和出口 E，可求出各区域各部门的产出。

区域投入产出分析同样是建立在技术不变的假设前提之下。但是由于 IRIO 模型要求直接编制各区域各产业产品在所有区域不同产业间的供求矩阵，需要大量的基础数据，编制起来非常困难。如同前文所述，非竞争型投入产出表的国内产品和进口品的投入比例会

由于价格等各种其他因素变化而导致投入系数缺乏安定性，IRIO 模型的投入系数也存在相同问题。同一产业的投入采用区域内投入品还是区域外投入品，可能与技术无关，而是由于区域间产品的供求关系的变化所致。在投入系数发生变化时，无法区分系数变化是由于生产技术的改变，还是由于其他因素所导致时，IRIO 模型仅适用于当前的经济状况分析，并不适用于经济预测。

二、MRIO 区域间投入产出模型

MRIO 模型是在 IRIO 模型基础上发展的区域间投入产出模型，国家信息中心编制的中国区域间投入产出表采用的就是 MRIO 模型。MRIO 模型的区域间投入产出表的“投入系数一定”的假设是投入产出分析的基础，表示区域间及区域内一单位商品服务之间的投入和产出的关联。IRIO 模型中区域表的各区域和各部门的投入系数都不同，反映了各区域产业间的供求关系。MRIO 模型的投入系数同样存在区域间差异，但关于产品和服务的供求关系，是假设各区域在遵循某种固定的区域间供求规则的前提下，各区域的各产业及最终需求对于产品和服务进行使用，这种供求方式通过各产品的区域间贸易系数（Interregional Trade Coefficient）来表示。

（一）区域间贸易系数

区域间贸易系数是由另一区域流入某一区域的产品占该区域内需求（区域内中间需求＋区域内最终需求）的百分比。即，

$$t_i^{rs}=\frac{\text{由 } r \text{ 区域调入 } s \text{ 区域内的 } i \text{ 产品数量}}{s \text{ 区域内 } i \text{ 产品的需求量}}$$

MRIO 模型是由几个区域的区域内竞争进口型投入产出表组成。例如，将一国分为几个区域时，各区域内竞争进口型投入产出表的调出项就分割成其他各地区的调入和调出，该区域的调入金额与对方区域调出的金额存在对应关系。虽然是各地区分别编制的区域内竞争进口型投入产出表，但是将各区域内投入产出表放入统一体系进行处理就形成了区域间投入产出表。为了简化说明，以下以两个区域为例，对区域间贸易系数和 MRIO 模型进行说明。2 个区域的区域内竞争进口型投入产出表的放置方式如表 6－3 所示，放置在表的对角部分，通过对角形式表示。

表 6-3　　区域内竞争调入型投入产出表的放置方式

需求（s） 供给（r）		区域 1			区域 2			出口	调出		进口	调入		区域内总产出
		产业 1	产业 2	最终需求	产业 1	产业 2	最终需求		U^{r1}	U^{r2}		N^{1s}	N^{2s}	
区域 1	产业 1	x^1_{11}	x^1_{12}	F^1_1				E^1_1	0	u^{12}_1	M^1_1	0	n^{21}_1	X^1_1
	产业 2	x^1_{21}	x^1_{22}	F^1_2				E^1_2	0	u^{12}_2	M^1_2	0	n^{21}_2	X^1_2
区域 2	产业 1				x^2_{12}	x^2_{12}	F^2_1	E^2_1	u^{21}_1	0	M^2_1	n^{12}_1	0	X^2_1
	产业 2				x^2_{22}	x^2_{22}	F^2_2	E^2_2	u^{21}_2	0	M^2_2	n^{12}_2	0	X^2_2
增加值		V^1_1	V^1_2		V^2_1	V^2_2								
区域内总产出		X^1_1	X^1_2		X^2_1	X^2_2								

注：因为假设仅有 2 个区域，因此调出调入项的 r，s 是指 r，s = 区域 1，2。

由于表 6-3 是竞争调入型投入产出表，因此中间投入 $x^s_{ij}(i,\ j=1,\ 2、s=1,\ 2)$ 和最终需求 $F^s_i(i=1,\ 2、s=1,\ 2)$ 包含了本区域和其他区域的调入和进口。调入和进口同样作为控除项列入调入矩阵 $N^{rs}_i(i=1,\ 2、r,\ s=1,\ 2)$。MRIO 模型的区域间贸易系数是相对于区域 s 的 i 产品的总需求（中间需求 + 最终需求），假设各部门及最终需求是由 r 区域调入 s 区域的 i 产品的占比，如下式所示：

$$t^{rs}_i = N^{rs}_i / \left(\sum_{j=1}^{n} a^s_{ij} X^s_j + F^s_i \right) (i,j = 1,2; r,s = 1,2) \qquad \text{式 } 6-10$$

式 6-10 中，N^{rs}_i 是指在 s 区域的各产业部门及最终需求中，由 r 区域调入的 i 产业产品的总和；a^s_{ij}是投入系数。分母的 $\sum_{j=1}^{n} a^s_{ij} X^s_j \left(= \sum_{j=1}^{n} x^s_{ij}\right)$ 是 s 区域作为各产业中间投入（中间需求）所使用的 i 产品的总和；F^s_i 是 s 区域的 i 产业的最终需求（不包括出口和调出）。也就是分母是 s 区域所有产业及最终需求从所有区域（包括 s 区域）所购入的 i 产业产品的总额；另外，i 产业的本区域供给总额 $N^{ss}_i(r=s)$ 可以通过 s 区域的需求总和减去各区域的调入总和得到，具体公式参照 6-11：

$$N^{ss}_i = \left(\sum_{j=1}^{n} a^s_{ij} X^s_j + F^s_i \right) - \sum_{j=1}^{n} N^{rs}_i (i,j = 1,2; r,s = 1,2; r \neq s) \qquad \text{式 } 6-11$$

t^{ss}_i 的贸易系数虽然包含了进口，但是可以看作 s 区域的自给率。

区域间的贸易系数，显示了整个区域的商品及服务的交换比率。由表 6-3 的 2 区域表，根据式 6-10 和式 6-11，可以得到以下的区域间贸易系数矩阵：

$$T = \left(\begin{array}{cc|cc} t^{11}_1 & 0 & t^{12}_1 & 0 \\ 0 & t^{11}_2 & 0 & t^{12}_2 \\ \hline t^{21}_1 & 0 & t^{22}_1 & 0 \\ 0 & t^{21}_2 & 0 & t^{22}_2 \end{array} \right) \qquad \text{式 } 6-12$$

各区域的投入系数可以根据以下公式求得：

$$a_{ij}^{s} = x_{ij}^{s}/X_{j}^{s}(i,j = 1,2;r,s = 1,2)$$ 式 6－13

在此，a_{ij}^{s}是各区域的投入系数，x_{ij}^{s}是 s 区域的 i 产业对于 j 产业的投入金额，X_{j}^{s} 是 s 区域中 j 产业的总产出。2 区域的投入系数，可以表现为式 6－14 的对角矩阵。各区域的投入系数各不相同，显示了各区域的技术结构。另外，投入系数是根据区域内竞争调入型投入产出表求得，因此，该区域的各产业中本区域的 i 产品和其他区域调入的 i 产品的投入比率即使发生改变，投入系数也是稳定的。

$$A = \left(\begin{array}{cc|cc} a_{11}^{1} & a_{12}^{1} & 0 & 0 \\ a_{21}^{1} & a_{22}^{1} & 0 & 0 \\ \hline 0 & 0 & a_{11}^{2} & a_{12}^{2} \\ 0 & 0 & a_{21}^{2} & a_{22}^{2} \end{array}\right)$$ 式 6－14

由公式 6－12 和公式 6－14 可以推导出区域间投入系数矩阵 TA：

$$TA = \begin{pmatrix} t_{1}^{11}a_{11}^{1} & t_{1}^{11}a_{12}^{1} \\ t_{2}^{11}a_{21}^{1} & t_{2}^{11}a_{22}^{1} \end{pmatrix}$$ 式 6－15

公式 6－15 的区域间投入系数矩阵与公式 6－7″的 IRIO 模型的区域间投入系数矩阵相对应，从推导过程来看，可以将 MIRO 模型的区域间投入系数矩阵分为稳定性较高的投入系数（公式 6－14）和具有稳定性特征的区域间贸易系数（公式 6－12）的两个部分分别进行考察。

MRIO 模型的区域投入产出系数的基本假定是技术保持不变，区域间的各产业的贸易关系和交换比率保持一定的稳定性。从式 6－10 可知，贸易系数是调入产品相对于总产出的比率，因此，从 r 区域购买的 i 产业的产品用于哪个产业或最终部门，使用多少并不影响贸易系数。贸易系数的安定性是以区域生产成本保持一定、各区域间的运输成本保持一致等为前提。

（二）MRIO 模型

利用上述区域投入系数及区域间贸易系数，可以制成简易的地区间非竞争调入型投入产出表（见表 6－4）。

表 6－4　　　　MRIO 型区域间非竞争调入型投入产出表

供给（r）＼需求（s）		区域 1		区域 2		出口	进口	区域内总产出
		产业	最终需求	产业	最终需求			
区域 1	产业 1	X^{11}	F^{11}	X^{12}	F^{12}	E_1^1	M_1^1	X_1^1
	产业 2	$t_i^{11}a_{ij}^1X_j^1$	$t_i^{11}F_i^1$	$t_i^{12}a_{ij}^2X_j^2$	$t_i^{12}F_i^2$	E_n^1	M_n^1	X_n^1
区域 2	产业 1	X^{21}	F^{21}	X^{22}	F^{22}	E_1^2	M_1^2	X_1^2
	产业 2	$t_i^{21}a_{ij}^1X_j^1$	$t_i^{21}F_i^1$	$t_i^{22}a_{ij}^2X_j^2$	$t_i^{22}F_i^2$	E_n^2	M_n^2	X_n^2
增加值		$V_1^1\cdots V_n^1$		$V_1^2\cdots V_n^2$				
区域内总产出		$X_1^1\cdots X_n^1$		$X_1^2\cdots X_n^2$				

由公式 6－15 推导出以下各区域的产业间平衡关系：

$$x_{ij}^{rs}=t_i^{rs}a_{ij}^sX_j^s \qquad \text{式 6－16}$$

根据区域间贸易系数矩阵公式 6－12，各区域最终需求的贸易额可以表示为：

$$F_i^{rs}=t_i^{rs}F_i^s \qquad \text{式 6－17}$$

表 6－3 处于对角线的区域内表可以转换为区域间非竞争调入型投入产出表，表 6－4 是转换后的 MRIO 型区域间非竞争调入型投入产出表。具体的转换方法是，根据公式 6－16 计算得出区域 1 的 X^{21}，根据公式 6－17 计算得出 F^{21}，两者的总和是表 6－3 的调入列向量 N^{21}的总和。同样，根据公式 6－16 计算得出区域 2 的 X^{12}，根据公式6－17 计算得出 F^{12}，两者的总和是表 6－3 的调入列向量 N^{12}的总和。

表 6－3 的区域间的调入调出是相对的关系，区域 1 从区域 2 调入的 i 产业的产品金额 n_i^{21}，刚好是区域 2 对区域 1 的 i 产业的产品调出金额 u_i^{21}。因此，表 6－3 的区域 1 从区域 2 调入的向量 N^{21}与区域 2 对区域 1 的调出向量 U^{21}保持一致。以上调入的金额在表 6－4 中计入中间需求的 X^{21}和最终需求的 F^{21}。从区域 2 来看 X^{21}和 F^{21}，是区域 2 对区域 1 的调出金额。

从表 6－4 的区域间非竞争调入型投入产出表可以得到供需平衡式 6－18：

$$\begin{cases} t_1^{11}a_{11}^1X_1^1+t_1^{11}a_{12}^1X_2^1+t_1^{11}F_1^1+t_1^{12}a_{11}^2X_1^2+t_1^{12}a_{12}^2X_2^2+t_1^{12}F_1^2+E_1^1-M_1^1=X_1^1 \\ t_2^{11}a_{21}^1X_1^1+t_2^{11}a_{22}^1X_2^1+t_2^{11}F_2^1+t_2^{12}a_{21}^2X_1^2+t_2^{12}a_{22}^2X_2^2+t_2^{12}F_2^2+E_2^1-M_2^1=X_2^1 \\ t_1^{21}a_{11}^1X_1^1+t_1^{21}a_{12}^1X_2^1+t_1^{21}F_1^1+t_1^{22}a_{11}^2X_1^2+t_1^{22}a_{12}^2X_2^2+t_1^{22}F_1^2+E_1^2-M_1^2=X_1^2 \\ t_2^{21}a_{21}^1X_1^1+t_2^{21}a_{22}^1X_2^1+t_2^{21}F_2^1+t_2^{22}a_{22}^2X_1^2+t_2^{22}a_{22}^2X_2^2+t_2^{22}F_2^2+E_2^2-M_2^2=X_2^2 \end{cases} \qquad \text{式 6－18}$$

公式 6－18 还可以表示为：

$$TAX+TF+E-M=X \qquad \text{式 6－19}$$

公式 6－19 进一步变形后，写成：

$$X=(I-TA)^{-1}(TF+E-M) \qquad \text{式 6－20}$$

假设各区域的进口系数与区域内需求形成一定比率，并且区域投入产出表中一个区域从其他区域调入的商品及服务不包含进口品，各区域各产业部门的进口可以表示为：

$$M = \hat{M}[(TA)^{*}X + (TF)^{*}]$$ 式 6 - 21

其中，

$$(TA)^{*} = \begin{pmatrix} t_1^{ss}a_{11}^{s} & t_1^{ss}a_{12}^{s} & 0 & 0 \\ t_2^{ss}a_{21}^{s} & t_2^{ss}a_{22}^{s} & 0 & 0 \\ 0 & 0 & t_1^{rr}a_{11}^{r} & t_1^{rr}a_{12}^{r} \\ 0 & 0 & t_2^{rr}a_{21}^{r} & t_2^{rr}a_{22}^{r} \end{pmatrix}, (TF)^{*} = \begin{pmatrix} t_1^{ss}F_1^{s} \\ t_2^{ss}F_2^{s} \\ t_1^{rr}F_1^{r} \\ t_2^{rr}F_2^{r} \end{pmatrix}$$

将公式 6 - 21 代入公式 6 - 20，整理后得到以下模型：

$$X = \{I - [TA - \hat{M}(TA)^{*}]\}^{-1}\{[TF - \hat{M}(TF)^{*}] + E\}$$ 式 6 - 22

在此，$[TA - \hat{M}(TA)^{*}]$ 是剔除了进口的各区域投入系数矩阵，$[TF - \hat{M}(TF)^{*}]$ 是剔除了进口的最终需求矩阵。根据公式 6 - 22，最终需求及出口等外生变量发生变化时，可以计算出各区域的生产诱发额。此公式中的最终需求并未进行细分，实际测算时，可以将最终需求进一步细分为消费、投资、库存等。

第七章　投入产出表的嵌套

目前投入产出表的嵌套在区域投入产出分析中占据非常重要的地位。将区域表嵌入全国表，或者将区域表嵌入世界表进行投入产出分析的方法目前是非常流行的分析手段之一。本章以区域投入产出表嵌入全国表为例对投入产出表的最基本的嵌套方法进行说明。掌握区域表与全国表的链接方法，可以将此方法扩展到区域表嵌入世界表，对于区域投入产出分析是非常有力的工具。

本章将全国投入产出表去除该区域的投入产出表，将该区域表与全国表进行分离后，再将该区域投入产出表与去除该区域的全国投入产出表进行嵌套，编制所需要的区域间投入产出表。

第一节

投入产出表嵌套的基本方法

一、完全分离法

以下通过某一区域的投入产出表与一国投入产出表的嵌套对区域间投入产出表的编制方法进行说明。为了简单起见，全国投入产出表和区域投入产出表都设为两个产业部门（见表 7 - 1）。由于全国表不存在调入调出，因此调入调出栏是空白，进口是负数；区域表存在调入和调出，调入和进口均用负号表示。

表 7－1　　　　2 部门全国投入产出表和区域投入产出表

全国表

投入＼产出	部门 1	部门 2	最终需求	调出	出口	调入	进口	总产出
部门 1	x_{11}	x_{12}	F_1		E_1		$-M_1$	X_1
部门 2	x_{21}	x_{22}	F_2		E_2		$-M_2$	X_2
增加值	V_1	V_2						
总产出	X_1	X_2						

s 区域表

供给＼需求	部门 1	部门 2	最终需求	调出	出口	调入	进口	总产出
部门 1	x_{11}^s	x_{12}^s	F_1^s	N_1^{sr}	E_1^s	$-N_1^{rs}$	$-M_1^s$	X_1^s
部门 2	x_{21}^s	x_{22}^s	F_2^s	N_2^{sr}	E_2^s	$-N_2^{rs}$	$-M_2^s$	X_2^s
增加值	V_1^s	V_2^s						
总产出	X_1^s	X_2^s						

注：由于 s 区域向 r 区域的调出刚好等于从 r 区域调入 s 区域的金额，因此都用字母 N 表示，调出用上标 sr，调入用上标 rs 进行区分。

表 7－2 是全国 r 表，由全国投入产出表去除 s 区域表得到的投入产出表。表中，$x_{ij}^r = x_{ij} - x_{ij}^s$；$F_i^r = F_i - F_i^s$；$E_i^r = E_i - E_i^s$；$M_i^r = M_i - M_i^s$；$X_j^r = X_i - X_j^s$。值得注意的是调出和调入的计算。由于全国表为 0，因此，全国 r 表的调入为 $0 - N_i^{sr} = -N_i^{sr}$，s 区域的调出，是全国 r 表从 s 区域的调入。全国表向 s 区域的调出，则是 s 区域表的调入部分为：$0 - (-N_i^{sr}) = N_i^{sr}$。表 7－2 的调出和调入的位置和表 7－1 进行了对调。

表 7－2　　　　2 部门全国 r 表＝全国表－s 区域表

供给＼需求	部门 1	部门 2	最终需求	调出	出口	调入	进口	总产出
部门 1	x_{11}^r	x_{12}^r	F_1^r	$-N_1^{sr}$	E_1^r	$-N_1^{rs}$	$-M_1^r$	X_1^r
部门 2	x_{21}^r	x_{22}^r	F_2^r	$-N_2^{sr}$	E_2^r	$-N_2^{rs}$	$-M_2^r$	X_2^r
增加值	V_1^r	V_2^r						
总产出	X_1^r	X_2^r						

表 7－2 中去除 s 区域的全国 r 表存在的均衡产出关系如公式 7－1 所示：

$$X^r = A^r X^r + F^r + N^{rs} + E^r - N^{sr} - M^r \qquad \text{式 7－1}$$

在此，X^r 是全国 r 表的产出向量，A^r 是投入系数矩阵，F^r 是区域内最终需求的列向量，E^r 是出口列向量，M^r 是进口列向量，N^{rs}是全国 r 表对 s 区域的调出的列向量，N^{rs}是全国 r 表从 s 区域调入的列向量。

同样，s 区域表存在的均衡产出关系如公式 7－2 所示：

$$X^s = A^s X^s + F^s + N^{sr} + E^s - N^{rs} - M^s \qquad \text{式 7－2}$$

如果 s 区域表为非竞争调入进口型均衡产出模型，需要假设进口及调入在区域内中间需求及最终需求等各项目中的所占比重相等，那么，

$N^{rs} = \hat{N}^{rs}(A^sX^s + F^s)$ 式 7－3

$M^s = \hat{M}^s(A^sX^s + F^s)$ 式 7－4

在此，$\hat{N}^{rs}$ 和 $\hat{M}^s$ 分别为进口和调入的对角矩阵。将式 7－3 和式 7－4 代入式 8－2，可以得到式 7－5：

$X^s = A^sX^s + F^s + N^{sr} + E^s - \hat{N}^{rs}(A^sX^s + F^s) - \hat{M}^s(A^sX^s + F^s)$ 式 7－5

将公式整理后得到：

$X^s = (I - \hat{M}^s - \hat{N}^{rs})A^sX^s + (I - \hat{M}^s - \hat{N}^{rs})F^s + N^{sr} + E^s$ 式 7－6

同样，全国 r 表中，

$N^{sr} = \hat{N}^{sr}(A^rX^r + F^r)$ 式 7－7

$M^r = \hat{M}^r(A^rX^r + F^r)$ 式 7－8

式 7－7 和式 7－8 代入式 7－1，可以变形为公式 7－9：

$X^r = (I - \hat{M}^r - \hat{N}^{sr})A^rX^r + (I - \hat{M}^r - \hat{N}^{sr})F^r + N^{rs} + E^r$ 式 7－9

那么，将公式 7－7 代入 s 区域表的公式 7－6 的 N^{sr} 中，公式 7－3 代入全国 r 表的均衡式 7－9 的 N^{rs} 中，得到：

$X^s = (I - \hat{M}^s - \hat{N}^{rs})A^sX^s + (I - \hat{M}^s - \hat{N}^{rs})F^s + \hat{N}^{sr}(A^rX^r + F^r) + E^s$ 式 7－10

$X^r = (I - \hat{M}^r - \hat{N}^{sr})A^rX^r + (I - \hat{M}^r - \hat{N}^{rs})F^r + \hat{N}^{rs}(A^sX^s + F^s) + E^r$ 式 7－11

公式 7－10 和 7－11 整理之后，得出式 7－12 和式 7－13。

$X^s = (I - \hat{M}^s - \hat{N}^{rs})A^sX^s + \hat{N}^{sr}A^rX^r + (I - \hat{M}^s - \hat{N}^{rs})F^s + \hat{N}^{sr}F^r + E^s$ 式 7－12

$X^r = \hat{N}^{rs}A^sX^s + (I - \hat{M}^r - \hat{N}^{sr})A^rX^r + \hat{N}^{rs}F^s + (I - \hat{M}^r - \hat{N}^{rs})F^r + E^r$ 式 7－13

公式 7－12 和 7－13 分别反映了 s 区域和 y 区域的中间需求及最终需求的区域间的交易。将这种区域间的关系用投入产出表的形式表示，就是表 7－3 所反映的均衡关系。

表 7－3　　全国 r 表和 s 区域表的嵌套关系

需求 供给	中间需求		最终需求		出口	总产出
	s 区域	全国 r	s 区域	全国 r		
s 区域	$(I - \hat{M}^s - \hat{N}^{rs})A^sX^s$	$\hat{N}^{sr}A^rX^r$	$(I - \hat{M}^s - \hat{N}^{rs})F^s$	$\hat{N}^{sr}F^r$	E^s	X^s
全国 r	$\hat{N}^{rs}A^sX^s$	$(I - \hat{M}^r - \hat{N}^{sr})A^rX^r$	$\hat{N}^{rs}F^s$	$(I - \hat{M}^r - \hat{N}^{sr})F^r$	E^r	X^r
进口	$\hat{M}^sA^sX^s$	$\hat{M}^rA^rX^r$	$\hat{M}^sF^s$	$\hat{M}^rF^r$		
增加值	V^s	V^r				
总产出	X^s	X^r				

根据以上基础理论，利用某一区域投入产出表和全国投入产出表可以编制2区域的区域间投入产出表。根据表7-3显示的区域和全国各项之间的关系，可以计算出区域间投入产出表的各项数据。

将式7-12和式7-13及进口公式7-4、公式7-8变换为矩阵形式，则表示为：

$$\begin{pmatrix} X^s \\ X^r \end{pmatrix} = \begin{pmatrix} I - \hat{M}^s - \hat{N}^{rs} & \hat{N}^{sr} \\ \hat{N}^{rs} & I - \hat{M}^r - \hat{N}^{sr} \end{pmatrix} \begin{pmatrix} A^s & 0 \\ 0 & A^r \end{pmatrix} \begin{pmatrix} X^s \\ X^r \end{pmatrix} + \begin{pmatrix} I - \hat{M}^s - \hat{N}^{rs} & \hat{N}^{sr} \\ \hat{N}^{rs} & I - \hat{M}^r - \hat{N}^{sr} \end{pmatrix} \begin{pmatrix} F^s \\ F^r \end{pmatrix} + \begin{pmatrix} E^s \\ E^r \end{pmatrix}$$

$$\begin{pmatrix} M^s \\ M^r \end{pmatrix} = \begin{pmatrix} \hat{M}^s & 0 \\ 0 & \hat{M}^r \end{pmatrix} \begin{pmatrix} A^s & 0 \\ 0 & A^r \end{pmatrix} \begin{pmatrix} X^s \\ X^r \end{pmatrix} + \begin{pmatrix} \hat{M}^s & 0 \\ 0 & \hat{M}^r \end{pmatrix} \begin{pmatrix} F^s \\ F^r \end{pmatrix} \quad \text{式 } 7-14$$

在此，令 $X = \begin{pmatrix} X^s \\ X^r \end{pmatrix}$，$T = \begin{pmatrix} I - \hat{M}^s - \hat{N}^{rs} & \hat{N}^{sr} \\ \hat{N}^{rs} & I - \hat{M}^r - \hat{N}^{sr} \end{pmatrix}$，$A = \begin{pmatrix} A^s & 0 \\ 0 & A^r \end{pmatrix}$，$\hat{M} = \begin{pmatrix} \hat{M}^s & 0 \\ 0 & \hat{M}^r \end{pmatrix}$，

$F = \begin{pmatrix} F^s \\ F^r \end{pmatrix}$，$E = \begin{pmatrix} E^s \\ E^r \end{pmatrix}$

那么，公式7-14可以改写为公式7-15：

$$\begin{aligned} X &= TAX + TF + E \\ M &= \hat{M}AX + \hat{M}F \end{aligned} \quad \text{式 } 7-15$$

公式7-15进一步整理后，得到公式7-16

$$\begin{aligned} X &= (I - TA)^{-1}(TF + E) \\ M &= \hat{M}AX + \hat{M}F \end{aligned} \quad \text{式 } 7-16$$

公式7-16就是区域间投入产出的均衡产出模型。

区域贸易系数矩阵如公式7-17所示：

$$T = \begin{pmatrix} I - \hat{M}^s - \hat{N}^{rs} & \hat{N}^{sr} \\ \hat{N}^{rs} & I - \hat{M}^r - \hat{N}^{sr} \end{pmatrix} \quad \text{式 } 7-17$$

总结以上内容，利用完全分离法对区域间投入产出表和全国表进行嵌套时，主要分以下四个步骤：

第1步，合并全国表和区域表。将全国投入产出表和 *s* 区域投入产出表合并为相同部门表。

第2步，求出不包含 *s* 区域的全国投入产出表 *r*。将全国投入产出表减去 *s* 区域表，注意全国投入产出表 *r* 表和 *s* 区域表之间存在调入和调出一致的关系，即 *s* 区域表的调出是全国 *r* 表的调入，*s* 区域表的调入是全国 *r* 表的调出。

第 3 步，计算区域贸易系数矩阵。根据区域间投入产出表的贸易关系，可以求得区域内的行业自给率，通过自给率、调入率及调出率得到区域贸易系数矩阵。

第 4 步，根据全国 r 表和区域 s 表及区域间的贸易系数矩阵和投入系数矩阵等数据，通过区域间投入产出的均衡产出模型（公式 7－15）编制区域间投入产出表。

二、1 区域投入产出表与全国嵌套的数值例

以下通过简单数值的 2 部门的全国和区域投入产出表（见表 7－4）对区域间投入产出表的嵌套方法进行说明。

首先，求出全国 r 表。全国 r 表就是将合并为相同形式的 2 部门的全国投入产出表减去 s 区域投入产出表所剩余的部分（参照表 7－5）。

表 7－4　　2 部门全国投入产出表和区域投入产出表

全国表

	部门 1	部门 2	中间需求合计	区域内最终需求	调出	出口	调入	进口	总产出
部门 1	300	300	600	200		100		－200	700
部门 2	200	400	600	300		200		－100	1000
合计	500	700	1200	500		300		－300	1700
增加值	200	300	500						
总产出	700	1000	1700						

s 区域表

	部门 1	部门 2	中间需求合计	区域内最终需求	调出	出口	调入	进口	总产出
部门 1	17	20	37	14	12	5	－10	－8	50
部门 2	15	30	45	17	10	20	－12	－10	70
合计	32	50	82	31	22	25	－22	－18	120
增加值	18	20	38						
总产出	50	70	120						

表 7－5　　全国 r 表＝全国投入产出表－s 区域投入产出表

	部门 1	部门 2	中间需求合计	区域内最终需求	调入	出口	调出	进口	总产出
部门 1	283	280	563	186	－12	95	10	－192	650
部门 2	185	370	555	283	－10	180	12	－90	930
合计	468	650	1118	469	－22	275	22	－282	1580
增加值	182	280	462						
总产出	650	930	1580						

其次，根据 s 区域表和全国 r 表计算出各自的投入系数矩阵、调入率、进口率、自给率，根据公式 7-17 求出区域贸易系数矩阵 T、根据公式 6-14 求出投入系数矩阵 A。

$$T = \begin{array}{c} \quad I-\hat{M}^{s}-\hat{N}^{rs} \qquad\qquad \hat{N}^{sr} \\ \left(\begin{array}{cc|cc} 0.6471 & 0 & 0.0160 & \\ 0 & 0.6452 & & 0.0119 \\ \hline 0.1961 & 0 & 0.7276 & \\ 0 & 0.1935 & & 0.8807 \end{array}\right) \\ \quad \hat{N}^{rs} \qquad\qquad (I-\hat{M}^{r}-\hat{N}^{sr}) \end{array} \qquad \text{式 } 7-18$$

$$A = \begin{array}{c} s\text{ 区域投入系数} \\ \left(\begin{array}{cc|cc} 0.3400 & 0.2857 & 0 & 0 \\ 0.3000 & 0.4286 & 0 & 0 \\ \hline 0 & 0 & 0.4354 & 0.3011 \\ 0 & 0 & 0.2846 & 0.3978 \end{array}\right) \\ \text{全国 } r \text{ 表投入系数} \end{array} \qquad \text{式 } 7-19$$

最后，根据表 7-3 的嵌套方式，并且符合公式 7-15 的均衡产出关系，可以编制出 s 区域表和全国 r 表的嵌套表（见表 7-6）。

表 7-6　　　　s 区域表与全国 r 表嵌套的 2 部门区域间投入产出表

		s 区域		全国 r		中间需求合计	s 区域	全国 r	出口	总产出
		部门 1	部门 2	部门 1	部门 2		区域内最终需求			
s 区域	部门 1	11	13	5	4	33	9	3	50	50
	部门 2	10	19	2	4	36	11	3	20	70
全国 r	部门 1	3	4	206	204	417	3	135	95	650
	部门 2	3	6	163	326	497	3	249	180	930
进口	部门 1	3	3	73	72	150	2	48	-200	
	部门 2	2	5	20	40	67	3	30	-100	
合计		32	50	468	650	1200	31	469	300	1700
增加值		18	20	182	280	500				
总产出		50	70	650	930	1700				

第二节

全国表与并列2区域表的嵌套

完全分离法不仅可以编制垂直嵌套关系的投入产出表，例如，“全国表—省级表—市级表”，也可以编制并列关系的投入产出表，例如，全国表—A 省投入产出表—B 省投入产出表。以下以全国和 2 区域的投入产出表为例，说明多区域间投入产出表的嵌套方法。

一、全国表与相互并列 2 区域投入产出表的嵌套方法

首先将 2 部门的全国表和 2 区域的投入产出表（s 区域和 y 区域表）合并为相同形式的投入产出表，基本结构如表 7 - 7 所示。由于全国表不存在调出和调入，仅有出口和进口，因此，不存在调出和调入部分。全国表、s 表和 y 表分别在各字母右上角用 z、s 和 y 表示。调入为负数，调出为正数。s 区域表的 N_i^{sz} 表示 i 产品是由区域调出至全国 z，$-N_i^{zs}$ 表示 i 产品全国 z 调入 s 区域。

表 7 - 7　　2 部门全国投入产出表和区域投入产出表

全国表（z 表）

投入＼产出	部门 1	部门 2	最终需求	出口	进口	总产出
部门 1	x_{11}^z	x_{12}^z	F_1^z	E_1^z	$-M_1^z$	X_1^z
部门 2	x_{21}^z	x_{22}^z	F_2^z	E_2^z	$-M_2^z$	X_2^z
增加值	V_1^z	V_2^z				
总产出	X_1^z	X_2^z				

s 区域表

供给＼需求	部门 1	部门 2	区域内最终需求	调出	出口	调入	进口	总产出
部门 1	x_{11}^s	x_{12}^s	F_1^s	N_1^{sz}	E_1^s	$-N_1^{zs}$	$-M_1^s$	X_1^s
部门 2	x_{21}^s	x_{22}^s	F_2^s	N_2^{sz}	E_2^s	$-N_2^{zs}$	$-M_2^s$	X_2^s
增加值	V_1^s	V_2^s						
总产出	X_1^s	X_2^s						

y 区域表

供给＼需求	部门 1	部门 2	区域内最终需求	调出	出口	调入	进口	总产出
部门 1	x_{11}^y	x_{12}^y	F_1^y	N_1^{yz}	E_1^y	$-N_1^{zy}$	$-M_1^y$	X_1^y
部门 2	x_{21}^y	x_{22}^y	F_2^y	N_2^{ys}	E_2^y	$-N_2^{zy}$	$-M_2^y$	X_2^y
增加值	V_1^y	V_2^y						
总产出	X_1^y	X_2^y						

完全分离法的第一步是将全国投入产出表 z 去除 s 区域表和 y 区域表，得到剩余部分的全国 r 表。在此，需要对调入调出部分进行调整。将 s 区域表的调出 N_i^{sz} 分解为调出到 y 区域部分和调出到全国 r 部分，就是 $N_i^{sz}=N_i^{sy}+N_i^{sr}$。同样，$y$ 区域表的调出 N_i^{yz} 分解为调出到 s 区域部分和调出到全国 r 部分，就是 $N_i^{yz}=N_i^{ys}+N_i^{yr}$。调入也进行分解，$s$ 区域表的调入 $-N_i^{zs}$ 分解分为 $-N_i^{zs}=-N_i^{ys}-N_i^{rs}$，$y$ 区域表的调入 $-N_i^{zy}$ 分解分为 $-N_i^{zy}=-N_i^{sy}-N_i^{ry}$。

调入和调出分为区域 s、区域 y 和全国 r 三部分，具体参照表 7－8，由于全国表没有调入和调出项，因此调入调出项的内容是空白的。

表 7－8　　　　2 部门全国投入产出表和区域投入产出表

全国表（z 表）

产出 / 投入	部门 1	部门 2	区域内最终需求	调出			出口	调入			进口	总产出
				s 区域	y 区域	全国 r		s 区域	y 区域	全国 r		
部门 1	x_{11}^z	x_{12}^z	F_1^z				E_1^z				$-M_1^z$	X_1^z
部门 2	x_{21}^z	x_{22}^z	F_2^z				E_2^z				$-M_2^z$	X_2^z
增加值	V_1^z	V_2^z										
总产出	X_1^z	X_2^z										

s 区域表

需求 / 供给	部门 1	部门 2	区域内最终需求	调出			出口	调入			进口	总产出
				s 区域	y 区域	全国 r		s 区域	y 区域	全国 r		
部门 1	x_{11}^s	x_{12}^s	F_1^s		N_1^{sy}	N_1^{sr}	E_1^s		$-N_1^{ys}$	$-N_1^{rs}$	$-M_1^s$	X_1^s
部门 2	x_{21}^s	x_{22}^s	F_2^s		N_2^{sy}	N_2^{sr}	E_2^s		$-N_2^{ys}$	$-N_2^{rs}$	$-M_2^s$	X_2^s
增加值	V_1^s	V_2^s										
总产出	X_1^s	X_2^s										

y 区域表

需求 / 供给	部门 1	部门 2	区域内最终需求	调出			出口	调入			进口	总产出
				s 区域	y 区域	全国 r		s 区域	y 区域	全国 r		
部门 1	x_{11}^y	x_{12}^y	F_1^y	N_1^{ys}		N_1^{yr}	E_1^y	$-N_1^{sy}$		$-N_1^{ry}$	$-M_1^y$	X_1^y
部门 2	x_{21}^y	x_{22}^y	F_2^y	N_2^{ys}		N_2^{yr}	E_2^y	$-N_2^{sy}$		$-N_2^{ry}$	$-M_2^y$	X_2^y
增加值	V_1^y	V_2^y										
总产出	X_1^y	X_2^y										

根据调整后的表 7－8，将全国 z 表去除 s 区域和 y 区域可以得到表 7－10 全国 r 表。全国 r 表的各项内容存在以下的关系：

中间投入：$x_{ij}^r=x_{ij}^z-x_{ij}^s-x_{ij}^y$；

区域内最终需求：$F_i^r=F_i^z-F_i^s-F_i^y$

出口：$E_i^r=E_i^z-E_i^s-E_i^y$

进口：$M_i^r = M_i^z - M_i^s - M_i^y$

增加值：$V_i^r = V_i^z - V_i^s - V_i^y$

总产出：$X_i^r = X_i^z - X_i^s - X_i^y$

r 表的调出调入由全国 z 表的调出（0）和调入（0）减去 s 表和 y 表的调出调入，得到的结果如表 7－9 所示。

表 7－9　　调出调入：全国 z 表－s 区域表－y 区域表

调出			调入		
s 区域	y 区域	全国 r	s 区域	y 区域	全国 r
$-N_1^{ys}$	$-N_1^{sy}$	$-N_1^{sr}-N_1^{yr}$	$-(-N_1^{sy})$	$-(-N_1^{ys})$	$-(-N_1^{rs})-(-N_1^{ry})$
$-N_2^{ys}$	$-N_2^{sy}$	$-N_2^{sr}-N_2^{yr}$	$-(-N_2^{sy})$	$-(-N_2^{ys})$	$-(-N_2^{rs})-(-N_2^{ry})$

表 7－9 的调出和调入部分，上标为 ys 或者 sy 的部分 s 区域和 y 区域相互间的调出和调入，与全国 r 区域无关。将 s 区域和 y 区域的调出和调入加总，$-N_1^{ys}-N_1^{sy}-(-N_1^{sy})-(-N_1^{ys})=0$。因此只需要考虑全国 r 区域与 s 区域和 y 区域的调出和调入。

全国 r 表如表 7－10 所示，由于全国 r 表的调入等同于 s 区域、y 区域的调出，调出相当于 s 区域和 y 区域的调入。

表 7－10　　全国 r 表：全国 z 表－s 区域表－y 区域表

需求＼供给	部门 1	部门 2	区域内最终需求	调出			出口	调入			进口	总产出
				s 区域	y 区域	全国 r		s 区域	y 区域	全国 r		
部门 1	x_{11}^r	x_{12}^r	F_1^r	N_1^{rs}	N_1^{ry}		E_1^r	$-N_1^{sr}$	$-N_1^{yr}$		$-M_1^r$	X_1^r
部门 2	x_{21}^r	x_{22}^r	F_2^r	N_2^{rs}	N_2^{ry}		E_2^r	$-N_2^{sr}$	$-N_2^{yr}$		$-M_2^r$	X_2^r
增加值	V_1^r	V_2^r										
总产出	X_1^r	X_2^r										

根据 s 区域、y 区域和全国 r 表可以得到以下均衡产出关系：

$$X^s = A^sX^s + F^s + N^{sr} + N^{sy} - N^{rs} - N^{ys} + E^s - M^s$$

$$X^y = A^yX^y + F^y + N^{yr} + N^{ys} - N^{ry} - N^{sy} + E^y - M^y$$

$$X^r = A^rX^r + F^r + N^{ry} + N^{sr} - N^{yr} - N^{ys} + E^r - M^r$$

其次，根据 s 区域、y 区域和去除了 s 和 y 区域的全国 r 表计算出区域间的贸易系数矩阵 T 后，对三张表进行嵌套。首先，关于三张投入产出表中从其他区域的调入，可以采用与非竞争进口型的进口同样的处理方式，就是计算一个区域内某一行业从其他区域的调入品的占比（区域内中间需求＋最终需求）编制调入系数的对角矩阵。那么自给率矩阵可以表示为：

$$\hat{J}^h = (I - \hat{M}^h - \sum_h \hat{N}^{h,k})(h,k = s,y,r;h \neq k)$$

根据中间投入矩阵、进口矩阵和自给率矩阵可以推算出连接3区域投入产出表的区域间贸易系数矩阵 T 为：

$$T = \begin{pmatrix} \hat{J}^s & \hat{N}^{ys} & \hat{N}^{sr} \\ \hat{N}^{ys} & \hat{J}^y & \hat{N}^{yr} \\ \hat{N}^{rs} & \hat{N}^{ry} & \hat{J}^r \end{pmatrix}$$

最后根据区域间贸易系数矩阵 T 和3区域投入系数矩阵将2区域投入产出表嵌套入全国表，如表7－11所示。

表7－11　　全国 r 表和 s 区域 y 区域表的嵌套关系

需求 供给	中间需求			最终需求			出口	总产出
	s 区域	y 区域	全国 r	s 区域	y 区域	全国 r		
s 区域	$(I - \hat{M}^s - \hat{N}^{ys} - \hat{N}^{rs})A^sX^s$	$\hat{N}^{sy}A^yX^y$	$\hat{N}^{sr}A^rX^r$	$(I - \hat{M}^s - \hat{N}^{ys} - \hat{N}^{rs})F^s$	$\hat{N}^{sy}F^y$	$\hat{N}^{sr}F^r$	E^s	X^s
y 区域	$\hat{N}^{ys}A^sX^s$	$(I - \hat{M}^y - \hat{N}^{sy} - \hat{N}^{ry})A^yX^y$	$\hat{N}^{yr}A^rX^r$	$\hat{N}^{ys}F^s$	$(I - \hat{M}^y - \hat{N}^{sy} - \hat{N}^{ry})F^y$	$\hat{N}^{yr}F^r$	E^y	X^y
全国 r	$\hat{N}^{rs}A^sX^s$	$\hat{N}^{ry}A^yX^y$	$(I - \hat{M}^r - \hat{N}^{sr} - \hat{N}^{yr})A^rX^r$	$\hat{N}^{rs}F^s$	$\hat{N}^{ry}F^y$	$(I - \hat{M}^r - \hat{N}^{sr} - \hat{N}^{yr})F^r$	E^r	X^r
进口	$\hat{M}^sA^sX^s$	$\hat{M}^yA^yX^y$	$\hat{M}^rA^rX^r$	$\hat{M}^sF^s$	$\hat{M}^yF$	$\hat{M}^rF^r$		
增加值	V^s	V^y	V^r					
总产出	X^s	X^y	X^r					

将表7－11的3区域投入产出表的供需平衡用公式表示：

$$\begin{pmatrix} \hat{J}^s & \hat{N}^{ys} & \hat{N}^{sr} \\ \hat{N}^{ys} & \hat{J}^y & \hat{N}^{yr} \\ \hat{N}^{rs} & \hat{N}^{ry} & \hat{J}^r \end{pmatrix} \begin{pmatrix} A^s & 0 & 0 \\ 0 & A^y & 0 \\ 0 & 0 & A^r \end{pmatrix} \begin{pmatrix} X^s \\ X^y \\ X^r \end{pmatrix} + \begin{pmatrix} \hat{J}^s & \hat{N}^{ys} & \hat{N}^{sr} \\ \hat{N}^{ys} & \hat{J}^y & \hat{N}^{yr} \\ \hat{N}^{rs} & \hat{N}^{ry} & \hat{J}^r \end{pmatrix} \begin{pmatrix} F^s \\ F^y \\ F^r \end{pmatrix} = \begin{pmatrix} X^s \\ X^y \\ X^r \end{pmatrix}$$

$$\begin{pmatrix} \hat{M}^s & 0 & 0 \\ 0 & \hat{M}^y & 0 \\ 0 & 0 & \hat{M}^r \end{pmatrix} \begin{pmatrix} A^s & 0 & 0 \\ 0 & A^y & 0 \\ 0 & 0 & A^r \end{pmatrix} \begin{pmatrix} X^s \\ X^y \\ X^r \end{pmatrix} + \begin{pmatrix} \hat{M}^s & 0 & 0 \\ 0 & \hat{M}^y & 0 \\ 0 & 0 & \hat{M}^r \end{pmatrix} \begin{pmatrix} F^s \\ F^y \\ F^r \end{pmatrix} = \begin{pmatrix} M^s \\ M^y \\ M^r \end{pmatrix}$$

在此，令

$$A = \begin{pmatrix} A^s & 0 & 0 \\ 0 & A^y & 0 \\ 0 & 0 & A^r \end{pmatrix}, X = \begin{pmatrix} X^s \\ X^y \\ X^r \end{pmatrix}, F = \begin{pmatrix} F^s \\ F^y \\ F^r \end{pmatrix}, \hat{M} = \begin{pmatrix} \hat{M}^s & 0 & 0 \\ 0 & \hat{M}^y & 0 \\ 0 & 0 & \hat{M}^r \end{pmatrix}, M = \begin{pmatrix} M^s \\ M^y \\ M^r \end{pmatrix}$$

3 区域投入产出表的供需平衡式可表示为：

$$TAX + TF + E = X \qquad \text{式 } 7-20$$

$$\hat{M}AX + \hat{M}F = M \qquad \text{式 } 7-21$$

公式 7－20 和公式 7－21 整理后，可以得到用逆矩阵表示的均衡公式：

$$X = (I - TA)^{-1}(TF + E) \qquad \text{式 } 7-22$$

$$M = \hat{M}(AX + F) \qquad \text{式 } 7-23$$

根据公式 7－22 和公式 7－23，可以推导出最终需求发生变化时引起经济波及效应的理论模型，即：

$$\Delta X = (I - TA)^{-1}(T\Delta F + \Delta E) \qquad \text{式 } 7-24$$

$$\Delta M = \hat{M}(A\Delta X + \Delta F) \qquad \text{式 } 7-25$$

当 s 区域的最终需求发生变化时，不仅影响 s 区域的生产，而且影响区域 y，影响全国 r，甚至还可能通过进口波及海外。根据公式 7－24 和公式 7－25，就可以推算出最终需求对各区域的波及效应。

以上是以 3 个区域为例对全国表和 2 个并列区域表进行嵌套的方法。在嵌套过程中，对调出调入的处理是进行嵌套的关键环节。以下对调出调入的处理方式进一步进行说明。

二、调出调入矩阵的编制

通常调出调入是对除本区域以外的其他区域的流动，因此编制数据时，需要将调出调入的数据根据不同区域进行分割。例如，s 区域表的调出和调入都需要分为“y 区域”和“除了 s 和 y 区域的其他区域”的 2 列数据。y 区域同样需要将调出和调入分为“s 区域”和“除了 s 和 y 区域的其他区域”的 2 列数据。一般 m 区域 n 产业的情形下，某一区域表的各产业的调出调入数据需要分配至 $m-1$ 个区域。一区域从另一区域的调入相当于另一区域对该区域的调出，属于相同的商品流动，只是在不同区域所属立场不同。因此编制 s 区域对 y 区域调出数据时，同时可以确定 y 区域从 s 区域的调入数据。

表 7－12　　调出调入矩阵

项目	s 区域	y 区域	全国 r	移出合计
s 区域	—	N^{sy}	N^{sr}	N^{sz}
y 区域	N^{ys}	—	N^{yr}	N^{yz}
全国 r	N^{rs}	N^{ry}	—	
移入合计	N^{zs}	N^{zy}		

表 7－9 的调出调入矩阵中，横向是各区域对其他区域的调出，纵向是各区域从其他区域的调入。s 区域的调出的合计是 N^{sz}，分为对 y 区域的调出和对全国 r 区域的调出，$N^{sz}=N^{sy}+N^{sr}$。同样，y 区域调出合计是 N^{yz}，分为对 s 区域的调出和对全国 r 区域的调出，$N^{yz}=N^{ys}+N^{yr}$。有了调出的数据，调入的数据就可以填入同样的值。

三、全国表与 2 区域投入产出表嵌套的数值例

上文简述了全国表与 2 区域表的嵌套方法，以下根据数值进一步说明上文描述的全国 z 表和 s 区域和 y 区域的投入产出表的嵌套。表 7－13 的三张表进行嵌套的最重要环节是编制调出和调入的数据。表 7－14 是根据表 7－13 的数据编制的调出调入矩阵。

表 7－13　　2 部门全国投入产出表和区域投入产出表

全国表（z 表）

投入＼产出	部门 1	部门 2	小计	区域内最终需求	出口	进口	总产出
部门 1	300	300	600	200	100	－200	700
部门 2	200	400	600	300	200	－100	1000
小计	500	700	1200	500	300	－300	1700
增加值	200	300	500				
总产出	700	1000	1700				

s 区域表

供给＼需求	部门 1	部门 2	小计	区域内最终需求	调出	出口	调入	进口	总产出
部门 1	17	20	37	14	12	5	－10	－8	50
部门 2	15	30	45	17	10	20	－12	－10	70
小计	32	50	82	31	22	25	－22	－18	120
增加值	18	20	38						
总产出	50	70	120						

y 区域表

供给＼需求	部门 1	部门 2	小计	区域内最终需求	调出	出口	调入	进口	总产出
部门 1	25	30	55	20	7	25	－27	－30	50
部门 2	14	50	64	40	13	30	－8	－19	120
小计	39	80	119	60	20	55	－35	－49	170
增加值	11	40	51						
总产出	50	120	170						

表 7－14 调出调入矩阵编制的第 1 步是根据 s 区域和 y 区域的调出调入数据填入第 1 阶段表，第 2 步就是将分别为一列的调出和调入数据分割为 2 区域的调出调入数据。由于对于 s 区域对 y 区域的调出就是 y 区域从 s 区域的调入，因此只需要将调出和调入数据的其一进行分割，如将调入数据分割后，就可以得到调出进行分割的数据。第 3 步就是根据分割后的调出和调入数据，计算出全国 r 表的调出调入数据，最终得出调出调入矩阵的最终数据。

表 7－14　　调出调入矩阵的编制

第 1 阶段

项目		地域 s	地域 y	全国 r	调出合计
地域 s	部门 1				**12**
	部门 2				**10**
地域 y	部门 1				**7**
	部门 2				**13**
全国 r	部门 1				
	部门 2				
调入合计	部门 1	**10**	**27**		
	部门 2	**12**	**8**		

第 2 阶段

项目		地域 s	地域 y	全国 r	调出合计
地域 s	部门 1		3	9	**12**
	部门 2		2	8	**10**
地域 y	部门 1	2		5	**7**
	部门 2	3		10	**13**
全国 r	部门 1				
	部门 2				
调入合计	部门 1	**10**	**27**		
	部门 2	**12**	**8**		

第 3 阶段

项目		地域 s	地域 y	全国 r	调出合计
地域 s	部门 1		3	9	**12**
	部门 2		2	8	**10**
地域 y	部门 1	2		5	**7**
	部门 2	3		10	**13**
全国 r	部门 1	8	24		
	部门 2	9	6		
调入合计	部门 1	**10**	**27**		
	部门 2	**12**	**8**		

将表 7－13 的全国 z 表减去 s 区域和 y 区域部分可以得到去除 s 区域以及 y 区域的全国 r 表，具体过程如表 7－15 所示。

编制了调出调入矩阵之后，将表 7－13 的全国 z 表、s 区域表和 y 区域表调整为表 7－15 形式的投入产出表，将全国 z 表减去 s 表和 y 表的对应项就可以得到去除 s 表和 y 表的剩余部分的全国 r 表。

得到表 7－15 所示的全国 r 表、s 区域表和 y 区域表之后，根据这三张表的数据，求出连接 3 区域投入产出表的区域间贸易系数矩阵 T（见表 7－16）和各区域投入系数矩阵的对角矩阵 A（见表 7－17）。

表 7－15　　全国 r 表＝全国 z 表－区域 s 表－区域 y 表

全国 z 表

投入 产出	部门 1	部门 2	小计	域内最终需求	调出			出口	调入			进口	总产出
					s 区域	y 区域	全国 r		s 区域	y 区域	全国 r		
部门 1	300	300	600	200				100				－200	700
部门 2	200	400	600	300				200				－100	1000
小计	500	700	1200	500				300				－300	1700
增加值	200	300	500										
总产出	700	1000	1700										

s 区域表

需求 供给	部门 1	部门 2	小计	域内最终需求	调出			出口	调入			进口	总产出
					s 区域	y 区域	全国 r		s 区域	y 区域	全国 r		
部门 1	17	20	37	14		3	9	5		－2	－8	－8	50
部门 2	15	30	45	17		2	8	20		－3	－9	－10	70
小计	32	50	82	31		5	17	25		－5	－17	－18	120
增加值	18	20	38										
总产出	50	70	120										

y 区域表

需求 供给	部门 1	部门 2	小计	域内最终需求	调出			出口	调入			进口	总产出
					s 区域	y 区域	全国 r		s 区域	y 区域	全国 r		
部门 1	25	30	55	20	2		5	25	－3		－24	－30	50
部门 2	14	50	64	40	3		10	30	－2		－6	－19	120
小计	39	80	119	60	5		15		－5		－30	－49	170
增加值	11	40	51										
总产出	50	120	170										

全国 r 表

投入＼产出	部门 1	部门 2	小计	域内最终需求	调出			出口	调入			进口	总产出
					s 区域	y 区域	全国 r		s 区域	y 区域	全国 r		
部门 1	258	250	508	166	**8**	**24**		70	－9	－5		－162	600
部门 2	171	320	491	243	**9**	**6**		150	－8	－10		－71	810
小计	429	570	999	409	**17**	**30**		220	－17	－15		－233	1410
增加值	171	240	411										
总产出	600	810	1410										

表 7－16　　**区域间贸易系数矩阵 T**

	s 区域		y 区域		全国 r	
s 区域	0.6471	0	0.0400	0	0.0134	0
	0	0.6452	0	0.0192	0	0.0109
y 区域	0.0392	0	0.2400	0	0.0074	0
	0	0.0484	0	0.7404	0	0.0136
全国 r	0.1569	0	0.3200	0	0.7389	0
	0	0.1452	0	0.0577	0	0.8787

表 7－17　　**区域投入系数矩阵 A**

	s 区域		y 区域		全国 r	
s 区域	0.3400	0.2857	0	0	0	0
	0.3000	0.4286	0	0	0	0
y 区域	0	0	0.5000	0.2500	0	0
	0	0	0.2800	0.4167	0	0
全国 r	0	0	0	0	0.4300	0.3086
	0	0	0	0	0.2850	0.3951

计算出区域间贸易系数矩阵 T 和区域投入系数矩阵 A 后需要对矩阵数据进行验证。验证是通过 $X = TAX + TF + E$ 公式进行计算，计算的 X 如果与表 7－15 中的总产出的数值一致，那么可以确认表 7－16 和表 7－17 的 T 和 A 的数据没有问题。

表 7－18　　产出矩阵和区域内最终需求矩阵

	产出矩阵 X^*						区域内最终需求矩阵 F^*		
	s 区域		*y* 区域		全国 *r*		*s* 区域	*y* 区域	全国 *r*
s 区域	50	0	0	0	0	0	14	0	0
	0	70	0	0	0	0	17	0	0
y 区域	0	0	50	0	0	0	0	20	0
	0	0	0	120	0	0	0	40	0
全国 *r*	0	0	0	0	600	0	0	0	600
	0	0	0	0	0	810	0	0	810

根据 3 区域间投入产出表的均衡公式 7－26 和公式 7－27 对 3 区域间投入产出表的行和进行计算。

$$TAX^* + TF^* + E = X \qquad \text{式 7－26}$$

$$\hat{M}AX^* + \hat{M}F^* = M \qquad \text{式 7－27}$$

由于需要计算区域各产业的中间需求，那么，均衡公式中的 X 是采用表 7－18 的产出矩阵 X^*，同样最终需求也是各区域分产业的需求，因此，采用表 7－18 的最终需求矩阵 F^*。进口同样是采用表 7－18 的产出矩阵 X^* 和最终需求矩阵 F^* 进行计算，计算得到的投入产出表就是表 7－19。

表 7－19　　3 区域投入产出表

供给＼需求		*s* 区域		*y* 区域		全国 *r*		中间需求合计	区域内最终需求			出口	总产出
		部门 1	部门 2	部门 1	部门 2	部门 1	部门 2		*s* 区域	*y* 区域	全国 *r*		
s 区域	部门 1	11.0	12.9	1.0	1.2	3.4	3.3	33	9.1	0.8	22	50	50
	部门 2	9.7	19.4	0.3	1.0	1.9	3.5	36	11	0.8	26	20	70
y 区域	部门 1	0.7	0.8	6.0	7.2	1.9	1.9	19	0.5	4.8	12	20	50
	部门 2	0.7	1.5	10.4	37.0	2.3	4.4	56	0.8	29.6	33	30	120
全国 *r*	部门 1	2.7	3.1	8.0	9.6	190.6	184.7	399	2.2	6.4	122.7	70	600
	部门 2	2.2	4.4	0.8	2.9	150.3	281.2	442	2.5	2.3	213.5	150	810
进口	部门 1	2.7	3.1	10.0	12.0	62.0	60.1	150	2.2	8.0	39.9	－200	
	部门 2	2.4	4.8	2.6	9.1	16.5	31.0	66	2.7	7.3	23.5	－100	
增加值		18	20	11	40	171	240						
总产出		50	70	50	120	600	810						

下篇

基于Excel、VBA的投入产出实证分析

第八章 基于 Excel 的投入产出分析

进行投入产出分析时需要对庞大的数据进行处理。一国投入产出表可能有上百个部门，上万个数据，多区域投入产出表可能多达上百万个数据需要进行处理。对这些数据进行处理时，可以利用 Excel 或者一些应用程序。对于学生或者研究者来说，采用 Excel 进行计算处理是最常用的手段。VBA 程序相对复杂，但掌握一些基本程序的用法，能够提高运算效率。以下主要介绍利用 Excel 和 VBA 程序对投入产出的相关应用的基础处理方法。

第一节 生产波及效应的计算

投入产出分析中基于均衡产出模型的生产波及效应的分析方法在经济预测及检验各种政策实施效果方面的应用尤为重要。进行投入产出分析时，最常用的就是利用 Excel 表进行相关计算。以下是利用 Excel 进行投入产出的实证分析。

一、部门合并

进行投入产出分析的第一步是部门合并。进行投入产出分析时，首先需要确定分析对象的部门，然后对投入产出表进行合并。另外在进行时间序列分析时，需要将不同年份的投入产出表合并为相同部门数的投入产出表，或者是将不同国家的投入产出表合并为相同部门分类表。因此，投入产出分析首先就是需要进行部门合并。以下将 2017 年 149 部门投入产出表合并为 5 部门投入产出表，具体步骤如下：

第 1 步，打开 2017 年投入产出表，在 2017 年投入产出表上增加 1 行和 1 列（见图 8－1），将需要合并为同一部门的附上相同的数字，例如，将 1001、2002、3003、4004 和 5005 等 5 个部门对应的行和列的部分附上数字 1，表示将这些部门合并为部门 1。

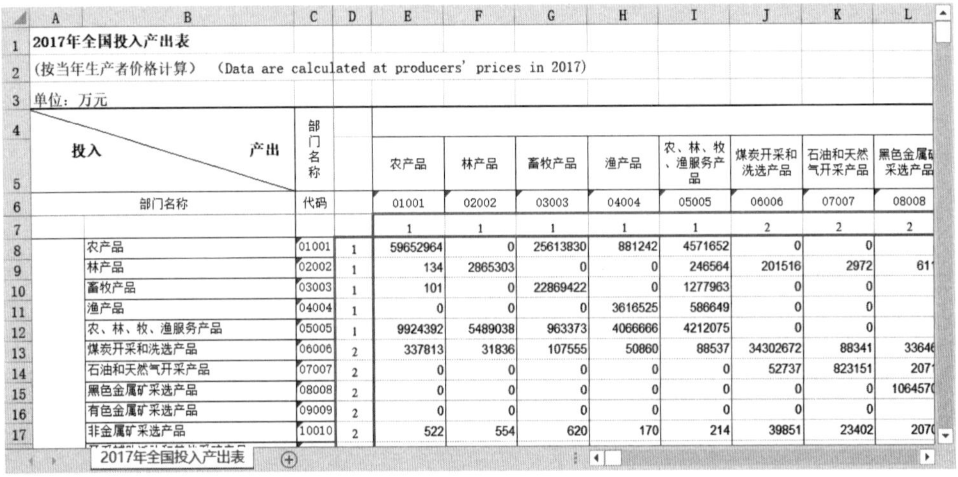

	A	B	C	D	E	F	G	H	I	J	K	L
1	2017年全国投入产出表											
2	（按当年生产者价格计算） （Data are calculated at producers' prices in 2017）											
3	单位：万元											
4–5	投入 \ 产出		部门名称		农产品	林产品	畜牧产品	渔产品	农、林、牧、渔服务产品	煤炭开采和洗选产品	石油和天然气开采产品	黑色金属矿采选产品
6	部门名称		代码		01001	02002	03003	04004	05005	06006	07007	08008
7					1	1	1	1	1	2	2	2
8		农产品	01001	1	59652964	0	25613830	881242	4571652	0	0	
9		林产品	02002	1	134	2865303	0	0	246564	201516	2972	61
10		畜牧产品	03003	1	101	0	22869422	0	1277963	0	0	
11		渔产品	04004	1	0	0	0	3616525	586649	0	0	
12		农、林、牧、渔服务产品	05005	1	9924392	5489038	963373	4066666	4212075	0	0	
13		煤炭开采和洗选产品	06006	2	337813	31836	107555	50860	88537	34302672	88341	33646
14		石油和天然气开采产品	07007	2	0	0	0	0	0	52737	823151	2071
15		黑色金属矿采选产品	08008	2	0	0	0	0	0	0	0	1064570
16		有色金属矿采选产品	09009	2	0	0	0	0	0	0	0	
17		非金属矿采选产品	10010	2	522	554	620	170	214	39851	23402	2070

图 8－1　2017 年全国投入产出表

第 2 步，打开新的页面，在页面上选择任意位置作为基点，然后选择数据的合并计算（见图 8－2）。

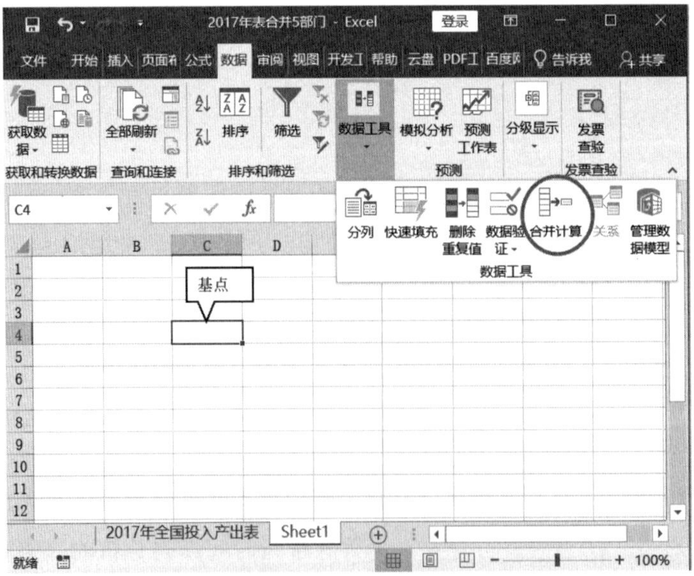

图 8－2　合并计算

第 3 步，选择需要进行数据合并的范围。将所有数据包括第 1 步添加的数字放入选择范围，然后进行合并计算。在计算时，首行和最左列都需要打钩后按“确定”键（见图 8－3）。

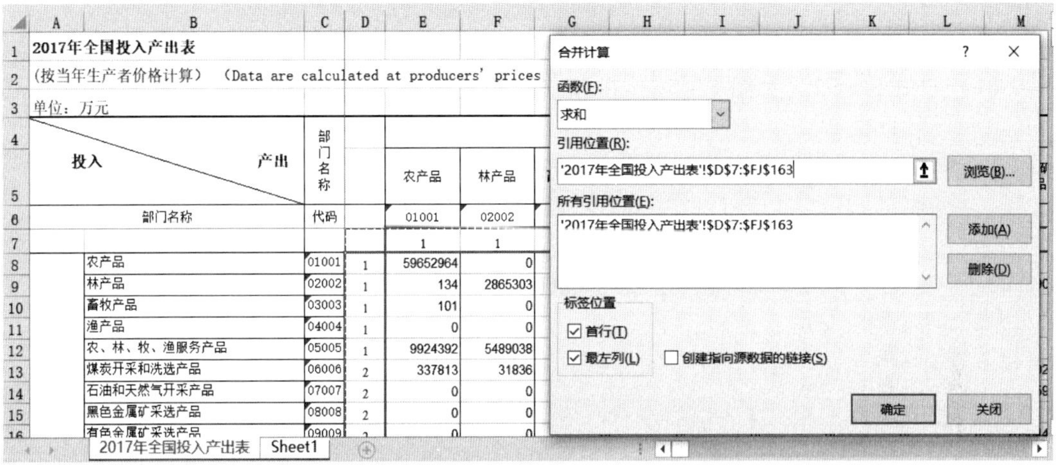

图 8－3　选择计算范围进行合并计算

第 4 步，对合并后的数据进行排列。首先是对行数据进行排列，其次对列数据进行排列，排列后得到的数据就是 2017 年 5 部门投入产出表。由于合并后数值非常大，可以将所有数据除以 100，将万元单位的投入产出表转换成百万元单位的投入产出表（见图 8－4）。

	1 农林水产业	2 矿产业	3 制造业	4 建筑业	5 服务业	6 中间使用合计	7 消费支出合计	8 固定资本形成总额	9 存货变动	10 出口	11 最终使用合计	12 进口	13 总产出
1 农林水产业	14684	25	62764	1896	5698	85067	27479	1991	410	1194	31073	6016	110124
2 矿产业	62	6946	56461	1915	11156	76539	135	0	316	487	938	23291	54186
3 制造业	20662	9642	498293	106837	124484	759918	117498	83860	3867	131093	336319	95445	1000791
4 建筑业	75	21	244	7307	2853	10500	0	218044	0	825	218869	583	228786
5 服务业	9189	9253	160168	55532	268351	502494	299065	55256	716	30248	385285	23933	863846
6 中间投入合计	44672	25887	777931	173487	412541	1434518	444177	359151	5309	163847	972484	149268	2257734
7 劳动者报酬	65271	9950	87006	34212	226830	423268							
8 生产税净额	-3411	9000	43390	8073	37926	94979							
9 固定资产折旧	2285	4325	26425	1958	75331	110325							
10 营业盈余	1307	5024	66039	11056	111218	194644							
11 增加值合计	65452	28299	222861	55299	451305	823216							
12 总投入	110124	54186	1000791	228786	863846	2257734							

图 8－4　2017 年 5 部门投入产出表（Sheet1）

二、逆矩阵的计算

通常进行投入产出分析时，要计算列昂惕夫逆矩阵，在此基础上测算影响力系数和感应度系数，然后是对生产诱发系数和生产诱发依存度的测算。以下根据中国 2017 年 5 部门的投入产出表（见图 8－4）为例进行说明。

（一）$[I-A]^{-1}$的逆矩阵

$[I-A]^{-1}$逆矩阵的计算方法如下：

第 1 步，计算投入系数表，这是投入产出分析的基础步骤。

（1）打开 Sheet2（见图 8－5），在 B3 处键入公式＝Sheet1！C3/Sheet1C$14。

	A	B	C	D	E	F
1						
2		1	2	3	4	5
3	1	=Sheet1!C3/Sheet1!C$14				
4	2					
5	3					
6	4					
7	5					

图 8－5　投入系数的计算（Sheet2）

（2）将公式复制后粘贴在 B3 和 F7 的范围内，就可以求得 5 行和 5 列的投入系数表。

第 2 步，编制单位矩阵。具体操作如下：

（1）打开 Sheet3（见图 8－6），在 C3 处键入公式＝B2。

B2　fx　=B2

	A	B	C	D	E	F
1		1	2	3	4	5
2	1	1				
3	2		=B2			
4	3					
5	4					
6	5					

图 8－6　单位矩阵的编制（Sheet3）

（2）复制公式后，在 C3 和 F6 的范围内粘贴就得到 5 行和 5 列的单位矩阵。

第 3 步，计算 $[I-A]^{-1}$的逆矩阵。

（1）计算 1－A 的矩阵。打开 Sheet4（见图 8－7），在 B3 处键入公式＝Sheet3！B2－Sheet2！B3，然后复制公式，粘贴至 B3 到 F7 区间。

MMULT　=Sheet3!B2-Sheet2!B3

	A	B	C	D	E	F
1		I-A				
2		1	2	3	4	5
3	1	=Sheet3!B2-Sheet2!B3				
4	2					
5	3					
6	4					
7	5					

图 8－7　I－A 的计算（Sheet4）

（2）打开 Sheet5（见图 8－8），选择 B3 至 F7 的区域，在 B3 处键入公式 = MINVERSE（Sheet5!B3：F7）（也可以在 F3 处点击 fx，选择函数 Minverse 函数），（注意需要显示公式，未显示公式时，按 F2 键）之后同时按下"Shift ＋Ctrl＋Enter"三个按键，可以求出 5 行 5 列的逆矩阵。

B3　{=MINVERSE(Sheet4!B3:F7)}

	A	B	C	D	E	F
1		$[I-A]^{-1}$				
2		1	2	3	4	5
3	1	1.195	0.015	0.170	0.105	0.048
4	2	0.040	1.190	0.157	0.100	0.056
5	3	0.544	0.564	2.283	1.236	0.499
6	4	0.002	0.002	0.003	1.036	0.006
7	5	0.282	0.432	0.590	0.689	1.588

图 8－8　$[I-A]^{-1}$ 逆矩阵的计算（Sheet5）

（二）$[I-(I-\hat{M})A]^{-1}$ 型逆矩阵

通常依据竞争进口型投入产出表进行波及效应的测算时，需要在中间投入部分剔除进口的影响，采用 $[I-(I-\hat{M})A]^{-1}$ 型逆矩阵，具体计算步骤如下：

第 1 步，准备好投入系数矩阵和单位矩阵（见图 8－5 和图 8－6）。

第 2 步，计算（$I-\hat{M}$）。

（1）计算进口系数 m_i。进口系数 m_i 是根据 5 部门的投入产出表（Sheet1）求得。具体是将 Sheet1 的进口除以国内最终需求得到的结果。打开 Sheet6（见图 8－9），在 B3 处键入公式 ＝Sheet1!N3/(Sheet1! H3＋Sheet1!M3－Sheet1!L3)，然后将公式复制粘贴至 B4 到 B7 区间。

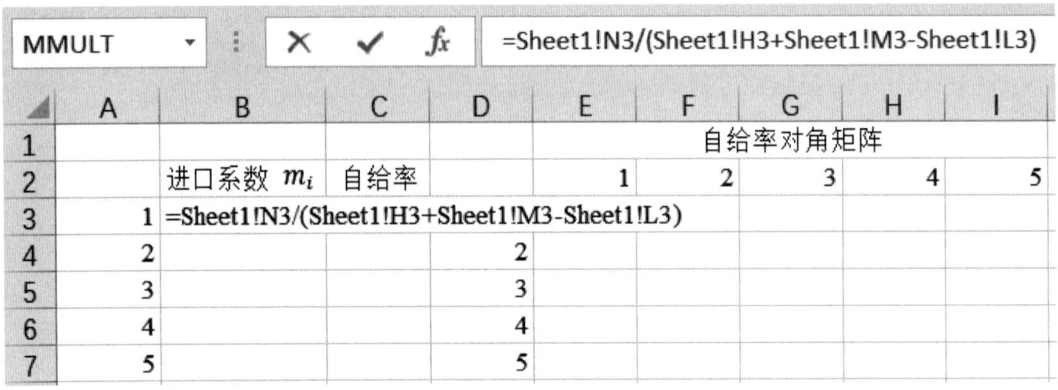

图 8－9　进口系数的计算（Sheet6）

（2）计算自给率。自给率为（$1-m_i$），因此，在 Sheet6 的 C3 空格处键入公式 =1－B3。然后复制公式，粘贴至 C4 到 C7 区间。

（3）将自给率的列向量转换为对角矩阵。编制方法就是将单位矩阵与自给率的列向量相乘，可以得到自给率的单位矩阵。具体做法是在 E3 的空格处键入公式 = Sheet3！B2 ＊ Sheet4！$C3，然后复制公式，粘贴至 E3 到 I7 区间。

第 3 步，计算国内产品的投入系数，即（$(I-\hat{M})A$）。具体做法如图 8－10 所示，选择 B3 至 F7 的区域，在 Sheet7 的 B3 处键入公式 = MMULT（Sheet6！E3：I7，Sheet2！B3：F7），（注意需要显示公式，未显示公式时，按 F2）同时按下"Shift ＋Ctrl＋Enter"三个按键，可以求得结果。

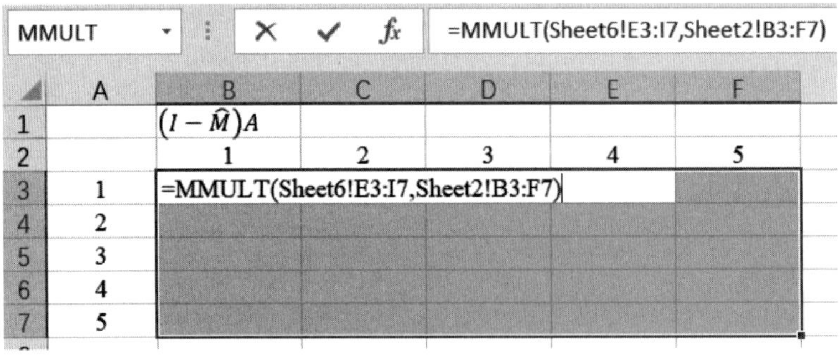

图 8－10　$(I-\hat{M})A$ 的计算（Sheet7）

第 4 步，计算 $[I-(I-\hat{M})A]^{-1}$。

（1）将单位矩阵减去（$(I-\hat{M})A$）矩阵，在 Sheet8 的 B3 处键入公式 = Sheet3！B2 － Sheet7！B3，复制公式粘贴至 B3 至 F7 的区域内。（图略）

（2）选择 Sheet9 的 B3 至 F7 的区域，如图 8－11 所示在 B3 处键入公式 = MINVERSE（Sheet8！B3：F7）（注意需要显示公式，未显示公式时，按 F2），之后同时按下“Shift + Ctrl + Enter”三个按键，可以求得 5 行 5 列的逆矩阵。

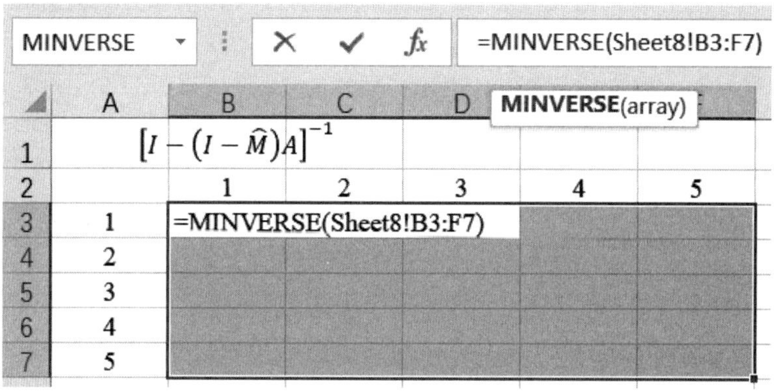

图 8－11　$[I-(I-\hat{M})A]^{-1}$的计算（Sheet9）

三、影响力系数和感应度系数的计算

反映波及效应特征的影响力系数和感应度系数的计算是投入产出的最基本的应用。求出列昂惕夫逆矩阵之后，根据相关公式就能求出各产业的影响力系数和感应度系数。

（一）影响力系数的计算

根据影响力系数的公式 $e_i = \sum_{i=1}^{5} b_{ij} / \frac{1}{5} \sum_{j=1}^{5} \sum_{i=1}^{5} b_{ij}$，分子就是列昂惕夫逆矩阵的列和，分母就是所有列和的平均值。具体步骤是：

第 1 步，计算列和。在 Sheet9 的 B8 处键入公式 = SUM（B3：B7），复制公式粘贴至 B8 至 F8 区间。

第 2 步，计算列和的平均值。在 G8 处键入公式 = AVERAGE（B8：F8）计算出平均值。

第 3 步，计算影响力系数。在 Sheet9 的 B9 处键入公式 = B8/$G$8，复制公式粘贴至 B9 至 G9 区间，得到各部门的影响力系数（见图 8－12）。

G8 =AVERAGE(G3:G7)

	A	B	C	D	E	F	G	H
1	$[I-(I-\hat{M})A]^{-1}$逆矩阵							
2		1	2	3	4	5	行和	感应度
3	1	1.175	0.032	0.140	0.079	0.037	1.463	0.651
4	2	0.021	1.120	0.091	0.054	0.032	1.319	0.587
5	3	0.424	0.423	1.999	0.969	0.386	4.200	1.869
6	4	0.002	0.002	0.002	1.035	0.005	1.046	0.466
7	5	0.237	0.365	0.484	0.588	1.532	3.206	1.427
8	列和	1.858	1.942	2.716	2.726	1.992	2.247	1.000
9	影响力	0.827	0.864	1.209	1.213	0.887	1.000	

图 8－12　逆矩阵、影响力系数和感应度系数表（Sheet9）

（二）感应度系数的计算

根据感应度系数的公式 $r_i = \sum_{j=1}^{5} b_{ij} / \frac{1}{5}\sum_{j=1}^{5}\sum_{i=1}^{5} b_{ij}$，分子是列昂惕夫逆矩阵的行和，分母就是所有行和的平均值。具体步骤如下：

第 1 步，计算行和。在 Sheet9 的 G3 处键入公式 =SUM(B3:F3)，复制公式粘贴至 G3 至 G7 区间。

第 2 步，计算行和的平均值。在 G8 处键入公式 =AVERAGE(G3:G7) 计算出平均值。此平均值与影响力系数的平均值相同（见图 8－12）。

第 3 步，计算各部门的感应度系数。在 Sheet9 的 H3 处键入公式 = G3/$G$8，复制公式粘贴至 H3 至 H8 区间。

四、国内生产诱发额的计算

投入产出分析中的基础应用是生产波及效应的分析。以下根据 2017 年 5 部门的投入产出表对国内生产诱发额、生产诱发系数及生产诱发依存度等指标的测算进行说明。

（一）外生变量的设定

当外生变量发生变化时会引起各个部门生产发生变化。进行经济预测时，首先对某一事件可能引起最终需求的总量，或者是消费支出变化的总量、资本形成总量等最终需求的实际情况进行各项数据的设置，然后通过转换系数分配至各个部门的最终需求中。具体步骤如下：

第 1 步，计算转换系数。利用投入产出结构进行预测时，通常假设投入系数和最终需求的结构在一定时期内保持不变（进行中长期的产业预测时这样的假设可能存在问题）。在此，假设最终需求结构不变，根据公式 $f_{ik} = F_{ik}/\sum_{i=1}^{5} F_{ik}$，编制最终需求的转换系数。打开 Sheet10（见图 8－13），在 B4 处键入 = Sheet1！I3/Sheet1！I$8，复制公式后粘贴在 B4 和 E8 的区域内，得出设置外生变量的转换系数。

B4　=Sheet1!I3/Sheet1!I$8

	A	B	C	D	E
1	转换系数的编制				
2		7	8	9	10
3		消费支出	固定资本形成	存货变动	出口
4	1	0.0619	0.0055	0.0772	0.0073
5	2	0.0003	0.0000	0.0595	0.0030
6	3	0.2645	0.2335	0.7285	0.8001
7	4	0.0000	0.6071	0.0000	0.0050
8	5	0.6733	0.1539	0.1349	0.1846

图 8－13　转换系数的编制（Sheet10）

第 2 步，输入最终需求各项的变化值。此数值应当是发生事件引起的总量变化值，如某事件引起消费的增量，或者是投资的增量等。在此仅仅为了方便起见，打开 Sheet11，在 B9 至 E9 处（见图 8－14）输入 2017 年 5 部门的投入产出表的最终需求的各项的合计值（Sheet1 的 I8 至 L8 的值）当作最终需求的变化值。

G5

	A	B	C	D	E
1	外生变量的设定				
2		7	8	9	10
3		消费支出	固定资本形成	存货变动	出口
4	1	27479	1991	410	1194
5	2	135	0	316	487
6	3	117498	83860	3867	131093
7	4	0	218044	0	825
8	5	299065	55256	716	30248
9	合计	444177	359151	5309	163847

图 8－14　外生变量的设定（Sheet11）

第 3 步，设置外生变量。 将最终需求的变化值通过转换系数分配至各部门中，成为经济预测值的外生变量。在 B4 处键入公式 =Sheet10!B4 * Sheet11!B$9，复制公式粘贴在 B4 至 E8 区域内。

（注：由于外生变量的总量和最终需求的结构采用的是 Sheet1 的数据，因此设置的外生变量与 Sheet1 的最终需求的数据重合。并不是说就可以拿 Sheet1 的数据直接进行演练，第 1 步和第 2 步是必不可少的）

第 4 步，去除最终需求部分所包含的进口部分。 由于 Sheet1 是竞争进口型投入产出表，因此需要将外生变量当中的进口品去除，只剩下国产部分的外生变量。具体做法就是将外生变量与自给率相乘，即 $[I-\hat{M}]F$，所设定的外生变量就是 $[I-\hat{M}]F+E$。步骤如下：

（1）将出口的数据复制到 Sheet12 的 E4 至 E8 处（见图 8－15）。

B4 fx {=MMULT(Sheet6!E3:I7, Sheet11!B4:D8)}

	A	B	C	D	E	F
1	国内产品的外生变量					
2		7	8	9	10	
3		消费支出	固定资本形成	存货变动	出口	
4	1	26040	1887	388	1194	
5	2	94	0	220	487	
6	3	105878	75567	3485	131093	
7	4	0	217487	0	825	
8	5	290719	53714	696	30248	

图 8－15　国内产品外生变量的设定（Sheet12）

（2）选择 B4 至 D8 的区域，键入公式 =MMULT(Sheet6!E3:I7，Sheet11!B4:D8)，同时按下"Shift ＋Ctrl＋Enter"三个按键，就可得到国内产品的外生变量。

（二）国内生产诱发额

根据均衡产出公式，$X=[I-(I-\hat{M})A]^{-1}[(I-\hat{M})F+E]$，可以计算出生产诱发额，即，将设定的外生变量矩阵与逆矩阵 $[I-(I-\hat{M})A]^{-1}$ 相乘。具体步骤如下：

第 1 步，打开新的页面 Sheet13，选择 B4 至 E8 区域。

第 2 步，计算各部门的生产诱发额。 在页面 Sheet13 的 B4 处键入函数式 = MMULT(Sheet9!B3:F7，Sheet12!B4:E8)，同时按下"Shift ＋Ctrl＋Enter"三个按键，就可得到各部门的生产诱发额，结果如图 8－16 的 B4 至 E8 区域所示。

第 3 步，将行加总或列加总，得到生产诱发总额，如图 8－16 的 B9－E9，F4－F9 区域所示。

外生变量采用的是图 8－4（Sheet1）的 2017 年 5 部门投入产出表的最终需求的总量，检验生产诱发额的合计值与国内生产额总值相同时，说明生产诱发额计算是正确的。

C13

最终需求各部门的生产诱发额					
	7	8	9	10	合计
	消费支出	固定资本形成	存货变动	出口	
1	56209	32039	976	20900	110124
2	19583	20467	595	13541	54186
3	334828	383257	7492	275214	1000791
4	1843	225612	13	1319	228786
5	502927	247225	2926	110767	863846
合计	915390	908601	12002	421741	2257734

图 8－16　最终需求各项的生产诱发额（Sheet13）

（三）生产诱发系数

生产诱发系数 C_{ik} 是用于衡量外生变量所引起的各产业部门的生产的变化量，即增加 1 单位最终需求所诱发多少单位生产的系数。由公式 $C_{ik}=G_{ik}/F_{ik}$ 进行衡量，其中，G_{ik} 是最终需求部分的各项的外生变量，F_{ik} 就是最终需求各项的外生变量的合计值。具体步骤如下：

第 1 步，计算各部门的生成诱发系数。打开新的页面 Sheet14，在图 8－17 的 B4 处键入公式 =Sheet13!B4/Sheet11!B$9，复制公式粘贴至 B4 至 E8 区间。

B4　=Sheet13!B4/Sheet11!B$9

生产诱发系数					
	7	8	9	10	行平均
	消费支出	固定资本形成	存货变动	出口	
1	0.1265	0.0892	0.1838	0.1276	0.1132
2	0.0441	0.0570	0.1121	0.0826	0.0557
3	0.7538	1.0671	1.4112	1.6797	1.0291
4	0.0041	0.6282	0.0024	0.0080	0.2353
5	1.1323	0.6884	0.5512	0.6760	0.8883
合计	2.0609	2.5299	2.2606	2.5740	2.3216

图 8－17　最终需求的生产诱发系数（Sheet14）

第 2 步，计算各列的合计值。在 B9 处键入公式 =SUM(B4:B8)，复制公式粘贴至 B9 至 F9 区间。

第 3 步，计算各行平均值。在 F4 处键入公式 =Sheet13!F4/SUM（Sheet11!B$9:E$9），

复制公式粘贴至 F4 至 F8 区域。

（四）生产诱发依存度

生产诱发依存度是衡量各项最终需求诱发生产额的占比。通过生产诱发依存度可以了解各产业的国内生产由消费诱发的比例是多少，投资诱发的占比及出口所诱发的占比，那么就可以判断这些行业是消费依存型产业，还是投资相关性产业，或者是出口依存型企业。生产诱发依存度的计算公式为：$D_{ik} = G_{ik}/\sum G_{ik}$，具体步骤如下：

第 1 步，计算各部门的生产诱发依存度。打开 Sheet15（见图 8－18），在 B4 处键入公式 = Sheet13 ! B4/Sheet13 ! $F4，复制公式粘贴至 B4 至 E8 区域。

第 2 步，求行和。在 F4 处键入公式 = SUM（B4：E4），复制公式粘贴至 F4 至 F9 区间，求出行和。

第 3 步，求列平均值。在 B9 处键入公式 = Sheet13 ! B9/Sheet13 ! $F$9，复制公式粘贴至 B9 至 E9 区间，求出列平均值。

B4 =Sheet13!B4/Sheet13!$F4

	A	B	C	D	E	F
1	生产诱发依存度					
2		7	8	9	10	合计
3		消费支出	固定资本形成	存货变动	出口	
4	1	0.5104	0.2909	0.0089	0.1898	1.0000
5	2	0.3614	0.3777	0.0110	0.2499	1.0000
6	3	0.3346	0.3830	0.0075	0.2750	1.0000
7	4	0.0081	0.9861	0.0001	0.0058	1.0000
8	5	0.5822	0.2862	0.0034	0.1282	1.0000
9	列平均	0.4054	0.4024	0.0053	0.1868	1.0000

图 8－18　生产诱发依存度的测算（Sheet15）

五、进口生产诱发额的计算

在经济全球化的时代，生产不再是局限于一国之内，生产环节可能分布在不同的国家和地区。那么一国最终需求的增加不仅对国内生产产生影响，也可能导致进口增加。尤其是小国，进口影响尤为明显。以下对国内的消费、投资等最终需求的增加所诱发的进口增加的测算方法进行说明。

（一）进口生产诱发模型

根据进口系数的定义可以得到 $M = \hat{M}(AX + F)$，将 $X = [I - (I - \hat{M})A]^{-1}[(I - \hat{M})$

$F+E]$ 代入后，令 $X=[I-(I-\hat{M})A]^{-1}$ 为 B，那么，

$$M=\hat{M}AB[(I-\hat{M})F+E]+\hat{M}F$$

$$=[\hat{M}AB(I-\hat{M})+\hat{M}]F+\hat{M}ABE \qquad \text{式 } 8-1$$

由最终需求增加引起的进口诱发额的测算公式可知，进口诱发额是由国内最终需求诱发的进口和出口诱发的进口两个部分组成。

（二）进口生产诱发额的计算

进口生产诱发额的计算可以利用之前已有的 Sheet2 的 A、Sheet9 的 B、sheet6 的（$I-\hat{M}$）等数据，然后准备好 $\hat{M}$（进口的对角矩阵），将各矩阵相乘，得出进口生产诱发额。

具体步骤如下：

第 1 步，设置进口系数的对角矩阵。打开 Sheet16，A4 至 A8 处是 5 部门的进口系数（复制 Sheet6 的进口系数的数据），在 B4 处键入 = Sheet3！B2 *$A4，复制公式，粘贴至 B4 至 F8 区间（见图 8－19）。

B3　=Sheet3!B2*$A3

	A	B	C	D	E	F
1	进口系数的对角矩阵					
2	进口系数	1	2	3	4	5
3	0.0523	0.0523	0	0	0	0
4	0.3025	0	0.3025	0	0	0
5	0.0989	0	0	0.0989	0	0
6	0.0026	0	0	0	0.0026	0
7	0.0279	0	0	0	0	0.0279

图 8－19　进口系数的对角矩阵（Sheet16）

第 2 步，计算 $\hat{M}A$。投入系数的计算，打开 Sheet17，利用 MMULT 的函数式将 $\hat{M}$ 与 A 矩阵相乘，操作方法与之前的矩阵相乘的方法相同，在此省略图示。

第 3 步，计算 $\hat{M}AB$。打开 Sheet18，利用 MMULT 的函数式将 Sheet17 的 $\hat{M}A$ 与 Sheet9 的 B 相乘，得到 $\hat{M}AB$。

第 4 步，计算 $\hat{M}AB(I-\hat{M})$。打开 Sheet19，利用 MMULT 的函数式将 Sheet18 的 $\hat{M}AB$ 与 Sheet6 的（$I-\hat{M}$）相乘，得到 $\hat{M}AB(I-\hat{M})$。

第 5 步，计算 $[\hat{M}AB(I-\hat{M})+\hat{M}]$。打开 Sheet20，在 B3 处键入公式 = Sheet19！B3 + Sheet16！B3，复制公式，粘贴至在 B3 和 F7 区间，得到 $[\hat{M}AB(I-\hat{M})+\hat{M}]$。

第 6 步，计算进口的生产诱发额。打开 Sheet21（在此的外生变量采用 Sheet11 的数据，见图 8－20）。

B4	fx	{=MMULT(Sheet20!B3:F7,Sheet11!B4:D8)}			
最终需求各部门的进口诱发额					
	7	8	9	10	合计
	消费支出	固定资本形成	存货变动	出口	
1	3104	1769	54	1088	6016
2	8494	8877	258	5662	23291
3	36746	42061	822	15817	95445
4	5	577	0	1	583
5	14439	7098	84	2312	23933
合计	62788	60383	1218	24880	149268

图 8-20　国内生产和出口引起的进口诱发额（Sheet21）

（1）计算 $[\hat{M}AB(I-\hat{M})+\hat{M}]F$，也就是国内的生产引起的进口诱发额的计算。选择 B4 至 D8 区间，在 B4 处键入公式 = MMULT(Sheet20!B3:F7，Sheet11!B4:D8)，同时按下 "Shift + Ctrl + Enter" 三个按键。

（2）计算 $\hat{M}ABE$，也就是出口引起的进口诱发额的计算：选择 E4 至 E8 区间，在 E4 处键入公式 = MMULT(Sheet18!B3:F7，Sheet11!E4:E8)（不显示公式时按 F2），同时按下 "Shift + Ctrl + Enter" 三个按键。

（三）进口生产诱发系数和进口生产诱发依存度

进口生产诱发系数和进口生产诱发依存度的计算基本与生产诱发系数和生产诱发依存度的方法相同。

首先，计算最终需求各项的进口诱发系数（见图 8-21）。具体步骤如下：

B4	fx	=Sheet21!B4/Sheet11!B$9			
进口诱发系数					
	7	8	9	10	行平均
	消费支出	固定资本形成	存货变动	出口	
1	0.0070	0.0049	0.0101	0.0066	0.0062
2	0.0191	0.0247	0.0486	0.0346	0.0239
3	0.0827	0.1171	0.1549	0.0965	0.0981
4	0.0000	0.0016	0.0000	0.0000	0.0006
5	0.0325	0.0198	0.0158	0.0141	0.0246
合计	0.1414	0.1681	0.2295	0.1518	0.1535

图 8-21　最终需求各项的进口诱发系数（Sheet22）

第 1 步，计算各部门的生产诱发系数。在 B4 处键入公式 = Sheet21!B4/Sheet11!B$9，复制公式粘贴至 B4 至 E8 区间。

第 2 步，计算列的合计值和行的平均值。计算行平均值的方法是：在 F4 处键入公式 =Sheet21!F4/SUM(Sheet11!B$9:E$9)，复制公式粘贴至 F4 至 F8 区域。

其次，计算最终需求各项的进口诱发依存度。具体步骤如下：

第 1 步，计算进口诱发依存度。打开 Sheet23（见图 8－22）。在 B4 处键入公式 = Sheet21!B4/Sheet21!$F4，复制公式粘贴至 B4 至 E8 区域。

第 2 步，求出行和列平均值。列平均值的计算方法是：在 B9 处键入公式 = Sheet21! B9/Sheet21!$F$9，复制公式粘贴至 B9 至 E9 区间。

B4　=Sheet21!B4/Sheet21!$F4

	A	B	C	D	E	F
1	进口诱发依存度					
2		7	8	9	10	合计
3		消费支出	固定资本形成	存货变动	出口	
4	1	0.5160	0.2941	0.0090	0.1809	1.0000
5	2	0.3647	0.3811	0.0111	0.2431	1.0000
6	3	0.3850	0.4407	0.0086	0.1657	1.0000
7	4	0.0081	0.9897	0.0001	0.0022	1.0000
8	5	0.6033	0.2966	0.0035	0.0966	1.0000
9	列平均	0.4206	0.4045	0.0082	0.1667	1.0000

图 8－22　最终需求各项的进口诱发依存度（Sheet23）

第二节

均衡价格决定模型

均衡价格决定模型的推导参照第四章的均衡价格模型。在此以 2017 年 5 部门投入产出表的数据为例（见图 8－1）进行说明。

一、均衡价格模型的初始价格

根据均衡价格模型，均衡价格的计算需要增加值率的向量和列昂惕夫逆矩阵。具体操作如下：

第 1 步，计算增加值率。打开 Sheet24，在 B4 处键入公式 = Sheet1！C13/Sheet1！C14，复制公式粘贴至 B4 至 F4 区间。

第 2 步，计算均衡价格。列昂惕夫逆矩阵选择 Sheet5 的计算结果。首先选择 B7 至 F7 区间，键入公式 = MMULT(B4:F4，Sheet5！B3:F7)，并同时按下 “Shift + Ctrl + Enter” 三个按键（见图 8 - 23）。

B7 | {=MMULT(B4:F4,Sheet5!B3:F7)}

	A	B	C	D	E	F
1						
2		1	2	3	4	5
3		农林水产业	矿产业	制造业	建筑业	服务业
4	增加值率	0.594	0.522	0.223	0.242	0.522
5						
6	均衡价格					
7		1.000	1.000	1.000	1.000	1.000

图 8 - 23　初始均衡价格的确认（Sheet24）

图 8 - 23 显示均衡价格均为 1.0。由于均衡价格模型假设最初所有产业的价格均为 1.0，因此计算结果当然也是 1.0。由此证明计算结果是正确的。

二、工资上涨对价格的影响

通常工资上涨对产品的价格产生影响是人们可以认知的事实。那么，工资上涨具体产生的影响是多少，可以通过均衡价格模型进行测算。在此，假设某一行业的价格上涨 10% 时，对各产业价格影响的计算方法进行说明。假设仅工资上涨，各行业的劳动人数不会发生变化。在这样的假设前提下，劳动者报酬将增加 10%，劳动者报酬增加，增加值也将增加。具体计算步骤如下：

第 1 步，计算工资上涨 10% 之后的增加值率。打开新的页面 sheet25，在 B4 处键入公式 = (Sheet1！C13 + 0.1 * Sheet1！C9)/Sheet1！C14（见图 8 - 24），复制公式粘贴至 B4 至 F4 区间。

第 2 步，计算工资上涨后的均衡价格。计算方法与之前相同，选择 B7 至 F7 区间，键入公式 = MMULT(B4:F4，Sheet5！B3:F7)，并同时按下 “Shift + Ctrl + Enter” 三个按键。

图 8 - 24 计算结果表明各产业的价格分别上涨了 8.4%、4.1%、4.8%、5.2% 和 5.0%。

B4　=(Sheet1!C13+0.1*Sheet1!C9)/Sheet1!C14

	A	B	C	D	E	F	G	H
1	工资上涨10%之后的增加值率							
2		1	2	3	4	5		
3		农林水产业	矿产业	制造业	建筑业	服务业		
4	增加值率	0.654	0.541	0.231	0.257	0.549		
5								
6	均衡价格							
7		1.084	1.041	1.048	1.052	1.050		

图 8－24　工资上涨对价格的影响（Sheet25）

三、增加值税的引入对价格的影响

增加值税的引入并非对某种商品征税，是对所有商品全面的征税。在此假设所有产业的新增增加值税为 5%，就意味着增加值税增加了 5%。计算方法与工资上涨的计算类似。首先计算引入增加值后的增加值率，直接将增加值率加上 5%，然后将增加值率与列昂惕夫逆矩阵相乘得到结果。所有产业的增加值税一样时，价格上升幅度相同。现实中的各行业的增加值税率并不相同，因此价格上涨幅度也将出现差异。

四、特定行业的价格变化对其他行业价格产生的影响

在现实中，某一行业的价格波动不仅对本行业产生影响，也将影响其他行业的价格。例如，石油、天然气等能源行业的价格上升就会造成制造业成本上升，生活支出增加，对整体价格的影响非常大。如何计算某一行业价格波动对其他行业的价格影响，在此，利用 5 部门的投入产出表进行演示。在此，假设矿产业的价格上升 10%，测算对其他行业的影响。

（一）某一产业价格上升时的均衡价格模型的推导

某一产业的价格上升 10%，需要将此产业进行外生化处理。以下对特定产业外生化的模型进行推导。假设将 k 产业进行外生化处理，那么 j 部门的均衡价格公式如下所示：

$$p_j = p_1 a_{1j} + p_2 a_{2j} + \cdots p_{k-1} a_{k-1j} + p_{k+1} a_{k+1j} \cdots + p_n a_{nj} + (p_k a_{kj} + v_j) \quad \text{式 } 8-2$$

利用矩阵符号表示公式 8－2，可以改写为：

$$P^* = A'^* P^* + (P_k A_k'^* + V^*) \quad \text{式 } 8-3$$

但是 P^* 所代表的价格矩阵，是 P 的价格矩阵去除了价格 p_k 的列向量。A^* 所代表的投入系数矩阵是去除了 k 行和 k 列的投入系数，也就是将 k 部门进行外生化处理后的投入系数矩阵。A'^* 是 A^* 进行转置后的矩阵。A_k^* 是投入系数矩阵 A 中将自身部门 k 部门去除后 k 部门的行向量，即 $[a_{k1} \quad \cdots \quad a_{kk-1} \quad a_{kk+1} \quad \cdots \quad a_{kkn}]$。$A'^*_k$ 是 A_k^* 进行转置后的列向量。V^* 是增加值率的列向量 V 中除去 k 部门之后的列向量。

$$A^* = \begin{bmatrix} a_{11} & \cdots & a_{1k-1} & a_{1k+1} & \cdots & a_{1n} \\ a_{21} & \cdots & a_{2k-1} & a_{2k+1} & \cdots & a_{2n} \\ \vdots & \ddots & \vdots & \vdots & \ddots & \vdots \\ a_{k-11} & \cdots & a_{k-1k-1} & a_{k-1k+1} & \cdots & a_{k-1n} \\ a_{k+11} & \cdots & a_{k+1k-1} & a_{k+1k+1} & \cdots & a_{k+1n} \\ \vdots & \ddots & \vdots & \vdots & \ddots & \vdots \\ a_{n1} & \cdots & a_{nk-1} & a_{nk+1} & \cdots & a_{nn} \end{bmatrix}$$

对公式 8 -3 进行整理后，得到以下公式：

$$P^* = [I - A'^*]^{-1}(P_k A'^*_k + V^*) \qquad \text{式 } 8-4$$

如果 k 部门的价格上升 ΔP_k 时，各产业部门的价格上升率为 ΔP^*，那么，

$$P^* + \Delta P^* = [I - A'^*]^{-1}[(P_k + \Delta P_k)A'^*_k + V^*] \qquad \text{式 } 8-5$$

公式 8 -5 减去公式 8 -4 就可以得到某一产业价格上升时，对其他产业价格波及的模型。

$$\Delta P^* = [I - A'^*]^{-1}\Delta P_k A'^*_k \qquad \text{式 } 8-6$$

当 k 产业的生产价格上升 1 单位（$\Delta P_k = 1$），各产业部门增加的成本就是 A'^*_k（$= \{a_{k1}\cdots a_{kk-1}\cdots a_{kk+1}\cdots a_{kn}\}$），从而引起其他产业的价格上升。$A'^*_k$ 就是 k 产业价格上升后直接导致其他各产业价格上涨的部分。A'^*_k 通过 A'^* 进一步波及各产业的投入成本，导致其他产业的投入成本上升。上述波及效应与产业波及效应类似，波及的过程与均衡产出模型的生产波及效应类似，如下式所示：

$$\Delta P^* = A'^*_k + A'^* A'^*_k + A'^{*2} + \cdots = [I - A'^*]^{-1}A'^*_k$$

公式 8 -6 所表示的价格波及效应中包含了对进口品价格的波及效应。因此如果仅仅测算对国内产品价格的波及效应时，应当提出对进口品价格的影响，应当采用 $(I - \hat{M}^*)A'^*$ 替代 A'^*，那么，测算价格波及效应的公式如下：

$$\Delta P^* = [I - (I - \hat{M}^*)A'^*]^{-1}\Delta P_k A'^*_k \qquad \text{式 } 8-7$$

在此，$\hat{M}^*$ 是除去 k 部门的进口系数的对角矩阵。

（二）矿产业价格上升的价格波及效应的测算

以 5 部门投入产出表为例，假设矿产业的价格上升 10%，来看价格的波及效应的测算具体步骤。

第 1 步，计算逆矩阵。 利用之前计算的 5 部门投入产出表的数据（Sheet1），将矿产业的行和列的数据删除，仅剩下 4 行和 4 列的投入产出表，根据 4 部门投入产出表计算出 $[I-(I-\hat{M}^{*})A'^{*}]^{-1}$。

（1）计算除矿产业之外的 4 部门的逆矩阵。打开 Sheet26，复制 Sheet8 的数据后，删除行和列的矿产业。利用之前计算的数据，计算出逆矩阵（见图 8－25）。

C10 {=MINVERSE(C3:F6)}

	A	B	C	D	E	F
1			1	3	4	5
2			农林水产业	制造业	建筑业	服务业
3	1	农林水产业	0.8736	-0.0594	-0.0079	-0.0063
4	3	制造业	-0.1691	0.5513	-0.4208	-0.1299
5	4	建筑业	-0.0007	-0.0002	0.9681	-0.0033
6	5	服务业	-0.0811	-0.1556	-0.2360	0.6980
7						
8			1	3	4	5
9			农林水产业	制造业	建筑业	服务业
10	1	农林水产业	1.1746	0.1369	0.0779	0.0364
11	3	制造业	0.4156	1.9644	0.9482	0.3736
12	4	建筑业	0.0017	0.0021	1.0351	0.0053
13	5	服务业	0.2297	0.4545	0.5703	1.5219

图 8－25 矿产业设置为外生变量的处理方法（Sheet26）

（2）将 4 部门逆矩阵数据进行转置处理。打开 Sheet27，选择 C3 至 F6 区域，在 C3 处键入 =TRANSPOSE(Sheet26!C10:F13)，同时按下"Shift ＋Ctrl＋Enter"三个按键，可以得到转置矩阵。

第 2 步，计算矿产业价格上升 10%对其他产业价格的波及。

（1）将外生变量的矿产业行向量的 A_k 转置为列向量的 A'_k。打开 Sheet28，选择 B3 至 B7 的区间，在 B3 处输入 =TRANSPOSE(Sheet2!B4:F4)，同时按下"Shift ＋Ctrl＋Enter"三个按键，可以将 Sheet2 的矿产业的行向分配系数，B4 至 F4 的数据转置为列向量。

（2）将矿产业的数据删除，剩下 4 部门的列向量，也就是 A'^{*}_k。

（3）矿产业价格上升 10% 的情形下，在 C2 处键入公式 =B2 * 10，复制公式，粘贴至 C2 至 C5 区间，求得 $\Delta P_k A'^{*}_k$ 的值。

（4）当矿产业价格上升 10%，计算其他产业价格变化的结果。选择 D3 至 D7 区间，在 D3 处键入公式 = MMULT(Sheet27!C3:F6, C2:C5)，同时按下 "Shift + Ctrl + Enter" 三个按键，得到其他产业价格的波及效应（见图 8－26）。

D2 | {=MMULT(Sheet27!C3:F6,C2:C5)}

	A	B	C	D	E
1		矿产业	矿产业价格上升10%	ΔP*	
2	1	0.001	0.006	0.271	
3	3	0.056	0.564	1.168	
4	4	0.008	0.084	0.696	
5	5	0.013	0.129	0.408	

图 8－26　价格波及效应的计算（Sheet28）

第 3 步，对生产者价格的影响分析。当矿产业物价上升时，对生产者物价指数及消费者物价指数都将产生影响，对生产者价格指数的影响分析是根据公式 $\Delta CGPI = \sum_{i=1}^{n} \Delta p_i \cdot \sum_{j=1}^{n} x_{ij} / \sum_{i}^{n} \sum_{j=1}^{n} x_{ij}$ 进行计算，具体步骤如下：

（1）打开 Sheet29，将 Sheet28 的 ΔP^* 的 4 部门数据复制到 Sheet29 的 B2 至 B5 区间，在第 2 行插入矿产业，并键入数字 10（见图 8－27）。

D2 | =B2*C2/$C$7

	A	B	C	D	E	F
1		ΔP*	中间需求合计		民间消费支出	
2	1	0.271	85067	0.0161	27479	0.0168
3	2	10.000	76539	0.5336	135	0.0030
4	3	1.168	759918	0.6187	117498	0.3089
5	4	0.696	10500	0.0051	0	0.0000
6	5	0.408	502494	0.1429	299065	0.2747
7			1434518		444177	

图 8－27　生产者价格指数的计算（Sheet29）

（2）将 Sheet1 的 B3 至 B8 的中间使用合计列复制到 Sheet29 的 C2 至 C7 区间，在 D2 处键入公式 = B2 * C2/$C$7，复制公式粘贴在 D2 至 D6 区间。这就是对生产者价格指数的影响分析。

对消费者价格指数影响的分析是依据公式 $\Delta CPI = \sum_{i=1}^{n} \Delta p_i \cdot Cp_i / \sum_{i}^{n} Cp_i$，需要民间消费支出的数据，计算方法与对 *CPGI* 影响分析的方法相同。

第三节

区域间投入产出分析

一、区域间投入产出模型及计算

区域间投入产出模型通常应用于各地的基础设施，包括体育场馆、机场、港口建设以及各地区的公共设施投资对各地区各产业带来的波及效应的测算等。在此，利用第六章推导的 MIRO 模型对区域间波及效应的计算进行说明。

以下利用图 8－28 的 3 区域竞争调入型投入产出表的数据，根据第六章的 MIRO 模型公式（6－22）$X = \{I - [TA - \hat{M}(TA)^*]\}^{-1}\{[TF - \hat{M}(TF)^*] + E\}$ 进行演练。

	A	B	C	D	E	F	G	H	I	J	K	L	M	N	O	P	Q
1		区域间竞争调入型投入产出表															
2	区域1		中间需求			最终需求		区域内需求合计	调出			调入			出口	进口	区域内总生产
3			第一产业	第二产业	第三产业	消费	投资		U^{11}	U^{12}	U^{13}	N^{11}	N^{21}	N^{31}			
4		第一产业	405	2927	574	1651	74	5631		235	589		-91	-1844	8	741	3787
5		第二产业	616	53051	28251	27727	18328	127973		8920	26105		-10670	-26623	16149	-13325	128529
6		第三产业	602	26853	64516	118769	40592	251332		6018	22287		-4543	-15747	4484	-4710	259121
7		增加值合计	2164	45699	165781												
8		区域内总生产	3787	128530	259122												
9																	
10	区域2		中间需求			最终需求		区域内需求合计	调出			调入			出口	进口	区域内总生产
11			第一产业	第二产业	第三产业	消费	投资		U^{21}	U^{22}	U^{23}	N^{12}	N^{22}	N^{32}			
12		第一产业	127	1378	234	754	32	2525	91		182	-235		-1171	3	-374	1021
13		第二产业	157	21717	12244	11509	6359	51986	10670		14174	-8920		-13536	5898	-5566	54706
14		第三产业	155	11291	24764	50734	17854	104798	4543		7367	-6018		-6118	1670	-1688	104554
15		增加值合计	581	20320	67312												
16		区域内总生产	1020	54706	104554												
17																	
18	其他区域		中间需求			最终需求		区域内需求合计	调出			调入			出口	进口	区域内总生产
19			第一产业	第二产业	第三产业	消费	投资		U^{31}	U^{32}	U^{33}	N^{13}	N^{23}	N^{33}			
20		第一产业	1390	5638	616	1776	577	9997	1844	1171		-589	-182		30	-1261	11010
21		第二产业	1839	54300	29415	28090	15626	129270	26623	13536		-26105	-14174		15858	-13679	131329
22		第三产业	1550	25126	53286	119367	42342	241671	15747	6118		-22287	-7367		2707	-2380	234209
23		增加值合计	6231	46265	150893												
24		区域内总生产	11010	131329	234210												

图 8－28　3 区域竞争调入型投入产出表（Sheet1）

在此采用的区域间竞争调入型投入产出表是根据日本经济产业省公布的 1995 年 3 区域 3 部门的区域间投入产出表（由日本经济产业省的网页 https：//www. meti. go. jp/statistics/获取）转换而成。

（一）区域贸易系数

首先，根据区域间交易系数公式计算区域 1、区域 2 和其他区域的贸易系数。

$$t_i^{rs} = N_i^{rs}/(\sum_{j=1}^{n} a_{ij}^s X_j^s + F_i^s)(i,j = 1,2,\cdots n;r,s = 1,2,3) \quad \text{式 } 8-8$$

具体步骤如下：

第 1 步，计算区域 1 的内部的交易系数。

（1）打开新的页面 Sheet2（见图 8－29），首先计算区域 1 内部的交易系数，实际上就是自给率的计算，根据公式 $N_i^{ss} = (\sum_{j=1}^{n} a_{ij}^s X_j^s + F_i^s) - \sum_{j=1}^{n} N_i^{rs}(i = 1,2,3;r,s = 1,2,3;r \neq s)$ 进行计算。在 A3 处键入 =(Sheet1!H4 + Sheet1!M4 + Sheet1!N4)/Sheet1!H4，就是减去其他区域的需求，求出自区域的需求占总需求的比重。

（2）复制 A3 的公式，粘贴至 A4 和 A5。

第 2 步，计算区域 2 产品流入区域 1 的交易系数。根据公式（8－8）$t_i^{rs} = N_i^{rs}/(\sum_{j=1}^{n} a_{ij}^s X_j^s + F_i^s)$ 求出。

（1）在 Sheet2（见图 8－29）的 A6 处键入 = －Sheet1!M4/Sheet1!H4，计算区域 2 调入的商品占区域 1 需求的比重。

（2）复制 A6 的公式，粘贴至 A7 和 A8。

第 3 步，计算其他区域产品流入区域 1 的交易系数。根据公式（8－8）$t_i^{rs} = N_i^{rs}/(\sum_{j=1}^{n} a_{ij}^s X_j^s + F_i^s)$ 求出。

（1）在 Sheet2（见图 8－29）的 A9 处键入 = －Sheet1!N4/Sheet1!H4，计算区域 2 调入的商品占区域 1 需求的比重。

（2）复制 A9 的公式，粘贴至 A10 和 A11。

区域 2 和其他区域的贸易系数的计算与区域 1 相同。在 B3 至 B11 处编制区域 2 的贸易系数，在 C3 至 C11 处编制其他区域的贸易系数。

其次，如图 8－29 所示，编制区域贸易系数矩阵。

第 1 步，设置单位矩阵。在 Sheet2（见图 8－29）E3 至 G11 的区域键入 3 区域 ×3 区域的单位矩阵，用于将计算的各区域交易系数转换为区域间的贸易系数矩阵。

A3　=(Sheet1!H4+Sheet1!M4+Sheet1!N4)/Sheet1!H4

	A	B	C	D	E	F	G	H	I
1	区域贸易系数				单位矩阵				
2	区域1	区域2	其他区域						
3	0.656	0.093	0.059		1	0	0		
4	0.709	0.172	0.202		0	1	0		
5	0.919	0.057	0.092		0	0	1		
6	0.016	0.443	0.018		1	0	0		
7	0.083	0.568	0.110		0	1	0		
8	0.018	0.884	0.030		0	0	1		
9	0.327	0.464	0.923		1	0	0		
10	0.208	0.260	0.688		0	1	0		
11	0.063	0.058	0.877		0	0	1		
12									
13	区域贸易系数矩阵								
14	0.656	0.000	0.000	0.093	0.000	0.000	0.059	0.000	0.000
15	0.000	0.709	0.000	0.000	0.172	0.000	0.000	0.202	0.000
16	0.000	0.000	0.919	0.000	0.000	0.057	0.000	0.000	0.092
17	0.016	0.000	0.000	0.443	0.000	0.000	0.018	0.000	0.000
18	0.000	0.083	0.000	0.000	0.568	0.000	0.000	0.110	0.000
19	0.000	0.000	0.018	0.000	0.000	0.884	0.000	0.000	0.030
20	0.327	0.000	0.000	0.464	0.000	0.000	0.923	0.000	0.000
21	0.000	0.208	0.000	0.000	0.260	0.000	0.000	0.688	0.000
22	0.000	0.000	0.063	0.000	0.000	0.058	0.000	0.000	0.877

图 8－29　区域间贸易系数（Sheet2）

第 2 步，计算区域间贸易系数矩阵。将贸易系数矩阵改写为以下形式：

$$T=\begin{pmatrix} T^{11} & T^{12} & T^{13} \\ T^{21} & T^{22} & T^{23} \\ T^{31} & T^{32} & T^{33} \end{pmatrix}$$

在此，T^{rs}代表区域间贸易系数矩阵，上标的 rs 说明商品和服务从 r 区域流向 s 区域。

（1）计算区域 1 的区域贸易系数矩阵 T^{11}、T^{21}、T^{31}时，在 Sheet2（见图 8－29）A14 处键入公式 =$A3 * E3，复制公式，粘贴至 A14 至 C22 区间。

（2）计算区域 2 的区域贸易系数矩阵 T^{12}、T^{22}、T^{32}时，在 Sheet2（见图 8－29）D14 处键入公式 =$B3 * E3，复制公式，粘贴至 D14 至 F22 区间。

（3）计算其他区域的区域贸易系数矩阵 T^{13}、T^{23}、T^{33}时，在 Sheet2（见图 8－29）G14 处键入公式 =$C3 * E3，复制公式，粘贴至 C14 至 I22 区间。

（二）区域投入系数矩阵

计算区域间投入系数矩阵首先需要编制区域内系数的对角矩阵，然后计算区域间的投入系数矩阵。

第 1 步，编制区域内投入系数的对角矩阵。各区域的区域内投入系数矩阵是依据投入系数公式 8－9 进行计算。

$$a_{ij}^{s} = \frac{x_{ij}^{s}}{X_{j}^{s}}(i,j = 1,2,\cdots n;s = 1,2,\cdots m) \quad 式\ 8-9$$

（1）打开新的页面 Sheet3（见图 8－30），在 A2 至 I10 的区间键入数字 0。

（2）计算区域 1 的区域内投入系数。在 Sheet3（见图 8－30）的 A2 处键入公式 = Sheet1！C4/Sheet1！C$8，然后复制公式，粘贴至 A2 至 C4 区间。

（3）计算区域 2 的区域内投入系数。在 Sheet3（见图 8－30）的 D5 处键入公式 = Sheet1！C12/Sheet1！C$16，然后复制公式，粘贴至 D5 至 F7 区间。

（4）计算其他区域的区域内投入系数。在 Sheet3（见图 8－30）的 G8 处键入公式 = Sheet1！C20/Sheet1！C$24，然后复制公式，粘贴至 G8 至 I10 区间。

第 2 步，计算区域间投入系数矩阵。依据公式 8－10 计算区域间投入系数矩阵。

$$TA = \begin{pmatrix} T^{11}A^{1} & T^{12}A^{2} & T^{13}A^{3} \\ T^{21}A^{1} & T^{21}A^{2} & T^{23}A^{3} \\ T^{31}A^{1} & T^{32}A^{2} & T^{33}A^{3} \end{pmatrix} \quad 式\ 8-10$$

（1）在 Sheet3（见图 8－30）选择 A12 至 I20 的范围，并且在 A12 处键入公式 = MMULT(Sheet2！A14:I22，A2:I10)，并同时按下“Shift ＋Ctrl＋Enter”三个按键。

（2）将 Sheet3（见图 8－30）的 A12 至 I20 区间的值复制后粘贴为数值。

A12　{=MMULT(Sheet2!A14:I22,A2:I10)}

	A	B	C	D	E	F	G	H	I
1	区域内投入系数的对角矩阵								
2	0.107	0.023	0.002	0	0	0	0	0	0
3	0.163	0.413	0.109	0	0	0	0	0	0
4	0.159	0.209	0.249	0	0	0	0	0	0
5	0	0	0	0.124	0.025	0.002	0	0	0
6	0	0	0	0.154	0.397	0.117	0	0	0
7	0	0	0	0.152	0.206	0.237	0	0	0
8	0	0	0	0	0	0	0.126	0.043	0.003
9	0	0	0	0	0	0	0.167	0.413	0.126
10	0	0	0	0	0	0	0.141	0.191	0.228
11	区域间投入系数矩阵								
12	0.070	0.015	0.001	0.012	0.002	0.000	0.007	0.003	0.000
13	0.115	0.292	0.077	0.026	0.068	0.020	0.034	0.083	0.025
14	0.146	0.192	0.229	0.009	0.012	0.014	0.013	0.018	0.021
15	0.002	0.000	0.000	0.055	0.011	0.001	0.002	0.001	0.000
16	0.014	0.034	0.009	0.087	0.226	0.067	0.018	0.045	0.014
17	0.003	0.004	0.005	0.134	0.182	0.209	0.004	0.006	0.007
18	0.035	0.007	0.001	0.058	0.012	0.001	0.117	0.040	0.002
19	0.034	0.086	0.023	0.040	0.103	0.030	0.115	0.285	0.086
20	0.010	0.013	0.016	0.009	0.012	0.014	0.124	0.168	0.200

图 8－30　区域间投入系数矩阵（Sheet3）

（三）各区域进口系数和进口品的区域间投入系数矩阵

各区域的进口系数仅需要考虑各区域内的中间需求和最终需求所包含的进口，不需要考虑其他区域流入的产品是否包含进口品。进口系数的计算公式如式 8－11 所示：

$$\hat{M} = -M/[(TA)^{*}X + (TF)^{*}] \quad \text{式 } 8-11$$

在此，M 是 Sheet1 的各区域的进口向量。$(TA)^{*}X$ 和 $(TF)^{*}$ 分别是自区域内生产的产品和服务（包括进口）的中间需求和最终需求。

第 1 步，求出中间需求和最终需求。

（1）求区域 1 的中间需求和最终需求。打开新的页面 Sheet4（见图 8－31），在 B4 处键入公式 =Sheet3！A12＊Sheet1！C$8，计算区域 1 内生产产品和服务所产生的中间需求 $(T^{11}A^{1})X^{1}$。复制 B4 的公式粘贴至 B4 至 D6 区间。在 Sheet4（见图 8－31）E4 处键入公式 =Sheet2！A3＊(Sheet1！F4＋Sheet1！G4)，计算区域 1 的最终需求（$T^{11}F^{1}$）。复制 E4 的公式粘贴至 E4 至 E6 区间。

（2）求区域 2 的中间需求和最终需求。在 Sheet4（见图 8－31）的 B7 处键入公式 = Sheet3！D15＊Sheet1！C$16，计算区域 1 内生产产品和服务所产生的中间需求 $(T^{11}A^{1})X^{1}$。复制 B4 的公式粘贴至 B4 至 D6 区间。在 E7 处键入公式 = Sheet2！B6＊(Sheet1！F12＋Sheet1！G12)，计算区域 1 的最终需求（$T^{11}F^{1}$）。复制 E7 的公式粘贴至 E7 至 E9 区间。

（3）求其他区域的中间需求和最终需求。在 Sheet4（见图 8－31）的 B10 处键入公

	A	B	C	D	E	F	G	H	I	J	K	L	M	N	O	P
1	进口系数的计算															
2	各区域的中间需求和最终需求的推算															
3		第一产业	第二产业	第三产业	最终需求	合计	进口系数	单位矩阵								
4	区域1	266	1921	377	1132	3696	0.2005	1	0	0	0	0	0	0	0	0
5		436	37591	20018	32634	90680	0.1469	0	1	0	0	0	0	0	0	0
6		553	24685	59308	146496	231042	0.0204	0	0	1	0	0	0	0	0	0
7	区域2	56	611	104	348	1119	0.3342	0	0	0	1	0	0	0	0	0
8		89	12337	6955	10150	29531	0.1885	0	0	0	0	1	0	0	0	0
9		137	9983	21896	60645	92662	0.0182	0	0	0	0	0	1	0	0	0
10	其他区域	1283	5203	568	2172	9226	0.1367	0	0	0	0	0	0	1	0	0
11		1266	37381	20250	30095	88991	0.1537	0	0	0	0	0	0	0	1	0
12		1360	22043	46748	141867	212017	0.0112	0	0	0	0	0	0	0	0	1
13																
14	进口品的区域间投入系数			$\hat{M}(TA)^{*}$												
15		第一产业	第二产业	第三产业	第一产业	第二产业	第三产业	第一产业	第二产业	第三产业						
16	区域1	0.0141	0.0030	0.0003	0	0	0	0	0	0						
17		0.0169	0.0430	0.0114	0	0	0	0	0	0						
18		0.0030	0.0039	0.0047	0	0	0	0	0	0						
19	区域2	0	0	0	0.0184	0.0037	0.0003	0	0	0						
20		0	0	0	0.0165	0.0425	0.0125	0	0	0						
21		0	0	0	0.0024	0.0033	0.0038	0	0	0						
22	其他区域	0	0	0	0	0	0	0.0159	0.0054	0.0003						
23		0	0	0	0	0	0	0.0177	0.0438	0.0133						
24		0	0	0	0	0	0	0.0014	0.0019	0.0022						

图 8－31 进口系数及进口品的区域间投入系数（Sheet4）

式 = Sheet3!G18 * Sheet1!C$24，计算区域 1 内生产产品和服务所产生的中间需求 $(T^{11}A^{1})X^{1}$。复制 B4 的公式粘贴至 B4 至 D6 区间。在 E10 处键入公式 = Sheet2!B6 * (Sheet1!F12 + Sheet1!G12)，计算区域 1 的最终需求（$T^{11}F^{1}$）。复制 E10 的公式粘贴至 E10 至 E9 区间。

（4）对中间需求和最终需求进行加总。在 Sheet4（见图 8 - 31）的 F4 处键入公式 = SUM(B4:E4)，复制 F4 的公式粘贴至 F4 至 F12 区间。

第 2 步，计算三个区域的进口系数。

（1）计算区域 1 各产业的进口系数。在 Sheet4（见图 8 - 31）的 G4 处键入公式 = - Sheet1!P4/F4，复制 G4 的公式粘贴至 G5 和 G6 处。

（2）计算区域 2 各产业的进口系数。在 Sheet4（见图 8 - 31）G7 处键入公式 = - Sheet1!P12/F7，复制 G7 的公式粘贴至 G8 和 G9 处。

（3）计算其他区域各产业的进口系数。在 Sheet4（见图 8 - 31）G10 处键入公式 = - Sheet1!P20/F10，复制 G10 的公式粘贴至 G11 和 G12 处。

第 3 步，编制进口品的区域间投入系数。根据公式 $\hat{M}(TA)^{*}$ 进行计算。由于调入品中不包含进口品，因此，仅对本区域进行计算。

（1）在编制进口品的区域间投入系数矩阵的范围内键入数字 0，（Sheet4 的 B16 至 J24 区间）。

（2）区域 1 的进口品投入系数矩阵区域内，在 Sheet4（见图 8 - 31）的 B16 处键入公式 =$G4 * Sheet3!A12，复制 B16 的公式，粘贴至 B16 至 D18 区间。

（3）区域 2 的进口品投入系数矩阵区域内，在 Sheet4（见图 8 - 31）的 E19 处键入公式 =$G7 * Sheet3!D15，复制 E19 的公式，粘贴至 E19 至 G21 区间。

（4）其他区域的进口品投入系数矩阵区域内，在 Sheet4（见图 8 - 31）H22 处键入公式 =$G10 * Sheet3!G18，复制 H22 的公式，粘贴至 H22 至 J24 区间。

（四）逆矩阵、影响力系数和感应力系数的计算

以下计算区域间竞争进口型投入产出表，即 $\{I - [TA - \hat{M}(TA)^{*}]\}^{-1}$。

第 1 步，计算 $[TA - \hat{M}(TA)^{*}]$。打开 Sheet5（见图 8 - 32），在 A3 处键入公式 = Sheet3!A12 - Sheet4!B16，复制 A3 的公式，粘贴至 A3 至 I11 区间。

用矩阵表示，如下所示：

$$[TA - \hat{M}(TA)^{*}] = \begin{bmatrix} (I - \hat{M}^{11})T^{11}A^{1} & T^{12}A^{2} & T^{13}A^{3} \\ T^{21}A^{1} & (I - \hat{M}^{22})T^{22}A^{2} & T^{23}A^{3} \\ T^{31}A^{1} & T^{32}A^{2} & (I - \hat{M}^{33})T^{33}A^{3} \end{bmatrix} \quad \text{式 8 - 12}$$

	A	B	C	D	E	F	G	H	I
1	逆矩阵计算的数据准备								
2	区域内自给率投入系数的计算　$TA-\hat{M}(TA)^*$								
3	0.0561	0.0120	0.0012	0.0116	0.0023	0.0002	0.0074	0.0025	0.0002
4	0.0983	0.2495	0.0659	0.0264	0.0681	0.0201	0.0337	0.0835	0.0254
5	0.1432	0.1881	0.2242	0.0087	0.0119	0.0136	0.0130	0.0176	0.0210
6	0.0017	0.0004	0.0000	0.0367	0.0074	0.0007	0.0023	0.0008	0.0000
7	0.0136	0.0344	0.0091	0.0709	0.1830	0.0540	0.0183	0.0453	0.0138
8	0.0029	0.0038	0.0045	0.1318	0.1792	0.2056	0.0043	0.0058	0.0069
9	0.0350	0.0075	0.0007	0.0577	0.0117	0.0010	0.1006	0.0342	0.0021
10	0.0338	0.0859	0.0227	0.0400	0.1034	0.0305	0.0973	0.2409	0.0732
11	0.0100	0.0131	0.0156	0.0089	0.0120	0.0138	0.1221	0.1660	0.1974
12	$[I-(TA-\hat{M}(TA)^*)]^{-1}$								
13	0.9439	-0.0120	-0.0012	0.0116	-0.0023	-0.0002	-0.0074	-0.0025	-0.0002
14	-0.0983	0.7505	-0.0659	-0.0264	-0.0681	-0.0201	-0.0337	-0.0835	-0.0254
15	-0.1432	-0.1881	0.7758	-0.0087	-0.0119	-0.0136	-0.0130	-0.0176	-0.0210
16	-0.0017	-0.0004	0.0000	0.9633	-0.0074	-0.0007	-0.0023	-0.0008	0.0000
17	-0.0136	-0.0344	-0.0091	-0.0709	0.8170	-0.0540	-0.0183	-0.0453	-0.0138
18	-0.0029	-0.0038	-0.0045	-0.1318	-0.1792	0.7944	-0.0043	-0.0058	-0.0069
19	-0.0350	-0.0075	-0.0007	-0.0577	-0.0117	-0.0010	0.8994	-0.0342	-0.0021
20	-0.0338	-0.0859	-0.0227	-0.0400	-0.1034	-0.0305	-0.0973	0.7591	-0.0732
21	-0.0100	-0.0131	-0.0156	-0.0089	-0.0120	-0.0138	-0.1221	-0.1660	0.8026

图 8－32　逆矩阵计算的数据准备（Sheet5）

第 2 步，计算 $\{I-[TA-\hat{M}(TA)^*]\}$。

（1）在 Sheet4（见图 8－31）的 H5 至 P13 的区域编制单位矩阵。

（2）在 Sheet5（见图 8－32）的 A13 处键入公式＝Sheet4！H4－Sheet5！A3，复制 A13 的公式，粘贴至 A3 至 I21 区间。

第 3 步，计算逆矩阵 $\{I-[TA-\hat{M}(TA)^*]\}^{-1}$。打开 Sheet6（见图 8－33），选择 C4 至 K12 的区域，在 C4 处键入公式＝MINVERSE(Sheet5！A13：I21)，并同时按下“Shift＋Ctrl＋Enter”三个按键。

	A	B	C	D	E	F	G	H	I	J	K	L	M
1	逆矩阵的计算												
2			区域1			区域2			区域3			行和	感应力系数
3	区域	产业	第一产业	第二产业	第三产业	第一产业	第二产业	第三产业	第一产业	第二产业	第三产业		
4	区域1	第一产业	1.0628	0.0190	0.0035	0.0149	0.0062	0.0016	0.0107	0.0070	0.0017	1.1275	0.6167
5		第二产业	0.1784	1.3983	0.1281	0.0747	0.1579	0.0569	0.0888	0.1862	0.0680	2.3373	1.2785
6		第三产业	0.2444	0.3510	1.3241	0.0428	0.0714	0.0410	0.0533	0.0894	0.0556	2.2730	1.2434
7	区域2	第一产业	0.0025	0.0014	0.0004	1.0394	0.0103	0.0017	0.0033	0.0021	0.0005	1.0616	0.5807
8		第二产业	0.0361	0.0775	0.0255	0.1156	1.2655	0.0928	0.0451	0.0952	0.0344	1.7877	0.9779
9		第三产业	0.0160	0.0286	0.0148	0.2008	0.2907	1.2815	0.0207	0.0364	0.0207	1.9102	1.0449
10	其他区域	第一产业	0.0473	0.0212	0.0051	0.0737	0.0274	0.0064	1.1213	0.0570	0.0095	1.3689	0.7488
11		第二产业	0.0912	0.1912	0.0630	0.1034	0.2157	0.0768	0.1835	1.3925	0.1395	2.4568	1.3439
12		第三产业	0.0477	0.0743	0.0423	0.0515	0.0769	0.0421	0.2122	0.3035	1.2793	2.1299	1.1651
13	列和		1.7262	2.1625	1.6069	1.7169	2.1222	1.6007	1.7388	2.1692	1.6092	1.8281	1.0000
14	影响力系数		0.9443	1.1829	0.8790	0.9392	1.1609	0.8756	0.9512	1.1866	0.8803		

图 8－33　逆矩阵、影响力系数和感应力系数的计算（Sheet6）

第 4 步，计算影响力系数和感应力系数。具体方法参照生产诱发额计算的部分。

（五）外生变量的设置

波及效应的测算需要设置外生变量，外生变量的设置需要参照上文一国投入产出表外生变量设置的方法。在此为了方便起见以 Sheet1 的区域间投入产出表的各区域各产业的最终需求（各部门的消费和投资）和出口作为外生变量。

第 1 步，对角矩阵的设置。将外生变量的最终需求 F（消费与投资），如图 8－34 所示，放入 C4 和 H12 区域，形成对角矩阵。

第 2 步，外生变量的设置。设定各区域各项目的外生变量 F_i^{rs}（$i=1$，2；r，$s=1$，2，3），即，

$$F_i^{rs} = TF = \begin{pmatrix} T^{11}F^1 & T^{12}F^2 & T^{13}F^3 \\ T^{21}F^1 & T^{22}F^2 & T^{23}F^3 \\ T^{31}F^1 & T^{32}F^2 & T^{33}F^3 \end{pmatrix}$$

其中，F 是不包含进口的最终需求。

具体方法是，打开新的页面 Sheet7（见图 8－34），选择设置外生变量 F 的区域，C16 至 H24 区域，在 C16 处键入公式 =MMULT(Sheet2!A14:I22，C4:H12)，C16 显示结果后，按下 F2 显示计算公式，同时按下"Shift ＋Ctrl＋Enter"三个按键。将 C16 至 H24 区间的值复制后粘贴为数值。

第 3 步，去除本区域最终品中所包含的进口品。由于采用的是竞争进口型区域投入产出表，因此需要将最终品 $T^{ss}F^s$ 中包含的进口部分进行消减。值得注意的是从其他区域调入的最终品 $T^{rs}F^s$ 中不包含进口品。对进口品进行处理后的各区域最终需求的外生变量 $[TF - \hat{M}(TF)^*]$ 用矩阵的形式可以表示为以下形式：

$$[TF - \hat{M}(TF)^*] = \begin{pmatrix} (I-\hat{M}^{11})T^{11}F^1 & T^{12}F^2 & T^{13}F^3 \\ T^{21}F^1 & (I-\hat{M}^{22})T^{22}F^2 & T^{23}F^3 \\ T^{31}F^1 & T^{32}F^2 & (I-\hat{M}^{33})T^{33}F^3 \end{pmatrix}$$

（六）自给率的计算

首先计算自给率，其次编制自给率的各区域对角矩阵。自给率的计算需要用单位矩阵减去进口对角矩阵，即 $[I-\hat{M}]$。具体步骤如下：

第 1 步，在页面 Sheet7（见图 8－34）的 J4 处键入公式 =1－Sheet4!G4，复制公式后粘贴至 J5 至 J12 区间。

第 2 步，编制各区域去除进口部分的最终需求。

（1）在页面 Sheet7（见图 8－34）的 C28 至 H36 区间复制 F_i^{rs} 的数据。

（2）在 Sheet7（见图 8－34）的 C28 处键入公式 =$J4 * C16，复制公式后粘贴至 C28 至 D30 区间。

（3）在 Sheet7（见图 8－34）的 E31 处键入公式 =$J7 * E19，复制公式后粘贴至 E31 至 F33 区间。

（4）在 Sheet7（见图 8－34）的 G34 处键入公式 =$J10 * G22，复制公式后粘贴至 G34 至 H36 区间。

（5）复制 Sheet1 的出口数据粘贴至 Sheet7（见图 8－34）I28 至 I36 区间。

	A	B	C	D	E	F	G	H	I	J
1	外生变量F的对角矩阵									
2			区域1		区域2		其他区域			
3	区域	产业	消费	投资	消费	投资	消费	投资		自给率
4	区域1	第一产业	1651	74	0	0	0	0		0.7995
5		第二产业	27727	18328	0	0	0	0		0.8531
6		第三产业	118769	40592	0	0	0	0		0.9796
7	区域2	第一产业	0	0	754	32	0	0		0.6658
8		第二产业	0	0	11509	6359	0	0		0.8115
9		第三产业	0	0	50734	17854	0	0		0.9818
10	其他区域	第一产业	0	0	0	0	1776	577		0.8633
11		第二产业	0	0	0	0	28090	15626		0.8463
12		第三产业	0	0	0	0	119367	42342		0.9888
13	外生变量F的设置TF									
14			区域1		区域2		其他区域			
15	区域	产业	消费	投资	消费	投资	消费	投资		
16	区域1	第一产业	1084	49	70	3	105	34		
17		第二产业	19647	12987	1975	1091	5673	3156		
18		第三产业	109181	37315	2913	1025	11008	3905		
19	区域2	第一产业	27	1	334	14	32	11		
20		第二产业	2312	1528	6538	3612	3080	1713		
21		第三产业	2147	734	44859	15786	3639	1291		
22	其他区域	第一产业	541	24	350	15	1639	532		
23		第二产业	5768	3813	2997	1656	19337	10757		
24		第三产业	7441	2543	2962	1042	104720	37146		
25		合计	148147	58994	62997	24245	149233	58545		
26	去除各区域进口部分的外生变量F的设置									
27			区域1		区域2		其他区域		出口	
28	区域	产业	消费	投资	消费	投资	消费	投资		
29	区域1	第一产业	866	39	70	3	105	34	8	
30		第二产业	16760	11079	1975	1091	5673	3156	16149	
31		第三产业	106955	36554	2913	1025	11008	3905	4484	
32	区域2	第一产业	27	1	222	9	32	11	3	
33		第二产业	2312	1528	5305	2931	3080	1713	5898	
34		第三产业	2147	734	44042	15499	3639	1291	1670	
35	其他区域	第一产业	541	24	350	15	1415	460	30	
36		第二产业	5768	3813	2997	1656	16365	9104	15858	
37		第三产业	7441	2543	2962	1042	103545	36729	2707	
38	合计		142817	56315	60836	23272	144861	56402	46807	

图 8－34　外生变量的设置（Sheet7）

（七）MRIO 型区域生产诱发分析

MRIO 型区域生产诱发是在公式 $X = [I - (I - \hat{M})A]^{-1}[(I - \hat{M})F + E]$ 的基础上，将 Sheet6（见图 8－33）的逆矩阵和 Sheet7（见图 8－34）的区域投入产出表的最终需求代入

后求出。具体公式为：

$$G = [I - (TA - \hat{M}TA^*)]^{-1}[(TF - \hat{M}TF^*) + E]$$

G 代表区域最终需求项目生产诱发额的矩阵。

第 1 步，计算生产诱发额。打开 Sheet8（见图 8－35），选择 C4 至 I12 区域，键入公式 =MMULT(Sheet6!C4:K12, Sheet7!C28:I36)，显示公式的状态下，同时按下“Shift + Ctrl + Enter”三个按键。J4 至 J12 区间计算行合计，C13 至 J13 区间计算列合计。

C4 {=MMULT(Sheet6!C4:K12,Sheet7!C28:I36)}

	A	B	C	D	E	F	G	H	I	J
1	各区域最终需求的生产诱发额									
2	区域	产业	区域1		区域2		其他区域		出口	生产诱发合计
3			消费	投资	消费	投资	消费	投资		
4	区域1	第一产业	1695	423	258	84	587	253	487	3787
5		第二产业	39412	21350	7296	3383	20268	9496	27323	128528
6		第三产业	148923	52922	7212	2793	24260	9343	13668	259120
7	区域2	第一产业	139	57	374	72	176	76	126	1021
8		第二产业	8017	4247	11461	5454	10151	4787	10590	54707
9		第三产业	5880	2435	58306	20845	8665	3406	5018	104554
10	其他区域	第一产业	2030	739	1094	329	3791	1526	1501	11010
11		第二产业	19861	10480	9768	4551	40226	19207	27236	131329
12		第三产业	17468	6936	7319	2842	139012	50435	10197	234209
13	合计		243425	99590	103086	40353	247136	98529	96145	928265

图 8－35　各区域最终需求项目生产诱发额（Sheet8）

第 2 步，计算生产诱发系数。打开 Sheet9（见图 8－36），在 C4 处键入公式 =Sheet8!C4/Sheet7!C$37，复制公式，粘贴至 C20 至 I12 区间。用 Average 函数计算行平均，用加总公

J4 =AVERAGE(C4:I4)

	A	B	C	D	E	F	G	H	I	J
1	各区域最终需求的生产诱发系数									
2	区域	产业	区域1		区域2		其他区域		出口	行平均
3			消费	投资	消费	投资	消费	投资		
4	区域1	第一产业	0.012	0.008	0.004	0.004	0.004	0.004	0.010	0.007
5		第二产业	0.276	0.379	0.120	0.145	0.140	0.168	0.584	0.259
6		第三产业	1.043	0.940	0.119	0.120	0.167	0.166	0.292	0.407
7	区域2	第一产业	0.001	0.001	0.006	0.003	0.001	0.001	0.003	0.002
8		第二产业	0.056	0.075	0.188	0.234	0.070	0.085	0.226	0.134
9		第三产业	0.041	0.043	0.958	0.896	0.060	0.060	0.107	0.309
10	其他区域	第一产业	0.014	0.013	0.018	0.014	0.026	0.027	0.032	0.021
11		第二产业	0.139	0.186	0.161	0.196	0.278	0.341	0.582	0.269
12		第三产业	0.122	0.123	0.120	0.122	0.960	0.894	0.218	0.366
13	列合计		1.704	1.768	1.694	1.734	1.706	1.747	2.054	1.773

图 8－36　各区域最终需求项目生产诱发系数（Sheet9）

式计算列合计。

第 3 步，计算生产诱发依存度。打开 Sheet10（见图 8－37），在 C4 处键入公式 = Sheet8！C4/Sheet8！$J4，复制公式，粘贴至 C20 至 I12 区间。用加总公式计算行合计，用 Average 函数计算列平均。

C4　=Sheet8!C4/Sheet8!$J4

	A	B	C	D	E	F	G	H	I	J
1	各区域最终需求的生产诱发依存度									
2	区域	产业	区域1		区域2		其他区域		出口	生产诱发依存度合计
3			消费	投资	消费	投资	消费	投资		
4	区域1	第一产业	0.4477	0.1118	0.0680	0.0221	0.1550	0.0668	0.1285	1.0000
5		第二产业	0.3066	0.1661	0.0568	0.0263	0.1577	0.0739	0.2126	1.0000
6		第三产业	0.5747	0.2042	0.0278	0.0108	0.0936	0.0361	0.0527	1.0000
7	区域2	第一产业	0.1362	0.0560	0.3661	0.0708	0.1725	0.0748	0.1237	1.0000
8		第二产业	0.1466	0.0776	0.2095	0.0997	0.1856	0.0875	0.1936	1.0000
9		第三产业	0.0562	0.0233	0.5577	0.1994	0.0829	0.0326	0.0480	1.0000
10	其他区域	第一产业	0.1844	0.0672	0.0993	0.0299	0.3443	0.1386	0.1363	1.0000
11		第二产业	0.1512	0.0798	0.0744	0.0347	0.3063	0.1462	0.2074	1.0000
12		第三产业	0.0746	0.0296	0.0313	0.0121	0.5935	0.2153	0.0435	1.0000
13	列平均		0.2309	0.0906	0.1656	0.0562	0.2324	0.0969	0.1274	1.0000

图 8－37　各区域最终需求项目生产诱发依存度（Sheet10）

二、基于区域间投入产出模型的生产诱发分析

（一）区域生产诱发系数的含义

各区域最终需求的生产诱发系数代表什么，以图 8－36 的数值为例进行说明。首先看区域 1 的消费，假如区域 1 的最终消费增加了 1 亿元，那么对区域 1 的第一产业的生产诱发额达到 12 万元，区域 2 的第一产业的生产诱发额为 1 万元，其他区域的第一产业的生产诱发额为 14 万元；对区域 1 的第二产业的生产诱发额为 276 万元，区域 2 的第二产业的生产诱发额为 56 万元，其他区域的第二产业的生产诱发额为 139 万元；对区域 1 的第三产业的生产诱发额达到 1043 万元，区域 2 的第三产业的生产诱发额为 41 万元，其他区域的第三产业的生产诱发额为 122 万元。

首先可以从全国层面来看各区域的各项最终需求与出口的生产诱发状况，列合计的数值表示全国层面各支出项的生产诱发额。图 8－36 显示，出口的生产诱发额最高，是 2.054；其次是区域 1 的投资，达到了 1.768；其他区域的投资是 1.747 排在第三。消费的生产诱发额比较低，区域 2 的消费是 1.694，是所有区域中最低的，倒数第二的是区域 1

的消费，为 1.704。

其次，从各区域来看消费和投资的生产诱发系数。图 8－36 所示，区域 1 增加 1 亿元消费，区域 1 的总生产将增加（0.012 + 0.276 + 1.043）1.331 亿元，区域 2 将增加（0.001 +0.056 +0.041）0.098 亿元生产，区域 3 将增加（0.014 +0.139 +0.122）0.275 亿元的生产。因此区域 1 的消费不仅可以促进本区域的生产增加，对其他区域的影响也可以通过区域投入产出表进行计算，得到具体的数值。同样，如果区域 1 增加 1 亿元的投资，那么，本区域总生产将增加（0.008 + 0.379 + 0.940）1.327 亿元，区域 2 将增加（0.001 +0.075 +0.043）0.119 亿元的生产，区域 3 也将增加（0.013 + 0.186 + 0.123）0.322 亿元的生产。

从区域生产诱发系数可以清楚看到，某一区域的最终需求的变化对本区域及对其他区域的影响究竟是多少，而全国投入产出表不能确定对区域的影响，只能分析对各产业的影响，因此区域投入产出表可以提供更详尽的信息。

（二）从各区域最终需求项目的生产诱发依存度看各区域产业的特征

图 8－37 的各区域最终需求项目的生产诱发依存度可以从各产业的生产活动对其他区域的最终需求的依存状况进行分析，同时可以发现产业的区域性特征。

区域 1 的第一产业对本区域的消费和投资的依存度分别是 44.77% 和 11.18%，超过一半（55.85%）依赖于本区域内的需求，可以说是域内依存型产业；第二产业的消费和投资的依存度分别是 30.66% 和 16.61%，一共是 47.27% 依赖于区域内需求，31.47% 依赖于其他区域的需求，对国外需求的依存度为 21.26%，因此可以看作区域外需求型产业；第三产业的消费和投资的依存度分别是 57.47% 和 20.42%，合计 77.89% 依赖本区域内需求，是典型的域内需求型产业。区域 2 的产业也可以通过对区域内和区域外的消费及投资依存度来判断各产业属于区域内依存型产业还是区域外依存型产业。

第九章　基于 VBA 的投入产出分析

本章提供一些利用 VBA 处理程序进行相关投入产出分析的内容，为略有一些编程知识的学生和专业人员能够更快速便利地进行数据处理提供帮助。

第一节

部门合并

一、VBA 的启动

VBA 是电脑上装载 Excel 时就可以进行操作。VBA 的启动如图 9－1 所示，首先找到

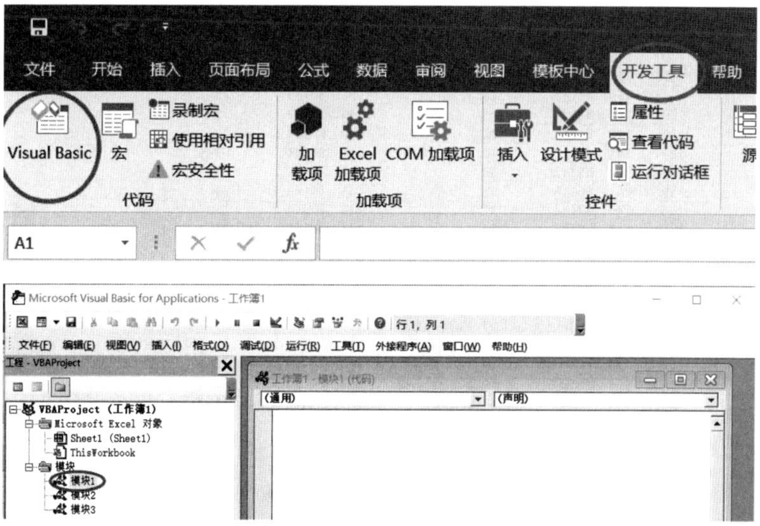

图 9－1　VBA 的启动

开发工具的项目，点击 Visual Basic，打开 Microsoft Visual Basic 后，双击模块 1 后，可以开始编写代码。代码编写完成，点击运行，程序运行后，结果就输出至指定页面。

二、部门合并

在进行投入产出分析时，对投入产出表的部门进行合并是不可避免的工作。当然对部门进行合并时，可以在 Excel 的工作表上将需要合并的部门数据分别从行和列进行加总合并，有了加总的数据后，再将加总前的原始的各部门数据删除，避免重复计算。合并后的总产值不会发生改变。利用 Excel 的加总删除的方法虽然操作简单，但是在反复进行加总删除的过程中，不可避免地会产生计算失误等问题。为了部门合并更加便捷和精准，可以利用 VBA 程序进行部门合并，以下介绍部门合并的方法。

（一）编制部门合并对照表

利用 VBA 进行部门合并的关键是需要设计合并的方案。图 9－2 中的合并对照表就是

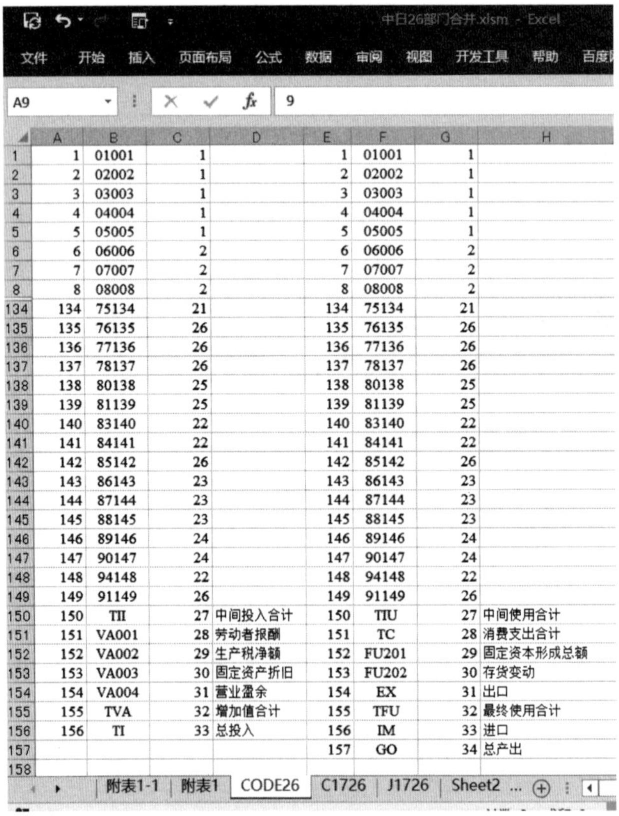

	A	B	C	D	E	F	G	H
1	1	01001	1		1	01001	1	
2	2	02002	1		2	02002	1	
3	3	03003	1		3	03003	1	
4	4	04004	1		4	04004	1	
5	5	05005	1		5	05005	1	
6	6	06006	2		6	06006	2	
7	7	07007	2		7	07007	2	
8	8	08008	2		8	08008	2	
134	134	75134	21		134	75134	21	
135	135	76135	26		135	76135	26	
136	136	77136	26		136	77136	26	
137	137	78137	26		137	78137	26	
138	138	80138	25		138	80138	25	
139	139	81139	25		139	81139	25	
140	140	83140	22		140	83140	22	
141	141	84141	22		141	84141	22	
142	142	85142	26		142	85142	26	
143	143	86143	23		143	86143	23	
144	144	87144	23		144	87144	23	
145	145	88145	23		145	88145	23	
146	146	89146	24		146	89146	24	
147	147	90147	24		147	90147	24	
148	148	94148	22		148	94148	22	
149	149	91149	26		149	91149	26	
150	150	TII	27	中间投入合计	150	TIU	27	中间使用合计
151	151	VA001	28	劳动者报酬	151	TC	28	消费支出合计
152	152	VA002	29	生产税净额	152	FU201	29	固定资本形成总额
153	153	VA003	30	固定资产折旧	153	FU202	30	存货变动
154	154	VA004	31	营业盈余	154	EX	31	出口
155	155	TVA	32	增加值合计	155	TFU	32	最终使用合计
156	156	TI	33	总投入	156	IM	33	进口
157					157	GO	34	总产出
158								

图 9－2　部门合并对照表

将 2017 年 149×149 个内生部门的投入产出表合并为 26×26 个内生部门。图 9－2 中的 Excel“CODE26”的工作表中，A 和 F 列的数字分别表示的是行和列的序号，B 和 F 列分别是中国投入产出表的行和列的部门代码，C 和 G 列分别是行和列合并后的产业部门对照表。例如，149 部门 B 列是将行方向的 01001～05005 合并为一个部门，因此在 C 列标为 1；F 列是将纵向的 01001～05005 合并为一个部门，因此在 G 列标为 1。不需要合并的部分，例如，增加值部分 A 列的数字的 150～156 开始和 C 列的 27～33 是一一对应的。图例可以看出合并后的表是内生部门共 26 部门的 33 行 34 列的投入产出表。D 和 H 列是说明列，希望对相关部门进行备注时可以进行加注，内容可有可无。

（二）部门合并的 VBA 程序

程序 1：投入产出表部门合并程序

```
1  Sub AGGC1726()'命名
2    DimX(33,34)As Double
3    DimR(156)As Integer,C(157)As Integer
4
5  '合并数据的读取
6  For I = 1 To 156:R(I) = Worksheets("CODE26").Cells(I,3):Next I  '行数据的读取
7  For J = 1 To 157:C(J) = Worksheets("CODE26").Cells(J,7):Next J  '列数据的读取
8
9  '投入产出表的合并过程
10  For I = 1 To 156:For J = 1 To 157
11  X(R(I),C(J)) = X(R(I),C(J)) + Worksheets("C2017").Cells(I + 6,J + 3)
12  Next J:Next I
13
14  '合并后的投入产出表的输出
15  For I = 1 To 33:For J = 1 To 34
16  Worksheets("C1726").Cells(I + 6,J + 3) = X(I,J)/ 100  '输出结果位置的指定
17  Next J:Next I
18
19  End Sub  '结束
```

1. 变量的定义

上述程序中的第 1 行是程序的命名。2 和 3 行都是对变量进行定义的设定，矩阵 X 是

合并后的投入产出表存储处，由图 9－2 可知合并后的投入产出表为 33 行 34 列。向量 *R* 和向量 *C* 分别是进行合并前的数据的储存地，是 149 部门表的行和列的数目，由图 9－2 可知，共有 156 行和 157 列的数据。

2. 合并数据的读取

6 和 7 行的命令是从工作表“CODE26”读取合并数据。工作表“CODE26”是将 149 个内生部门合并为 26 个内生部门的代码对照表。行合并的方案是参照 C 列，因此是 Cells（I，3）。列的合并方案记录在 G 列上，因此是 Cells(J，7)。按照惯例，I 和 J 分别表示行方向和列方向的控制变量。

3. 投入产出表的合并过程

10 和 11 的命令是此程序的中心部分。原始投入产出表的各个数据的读取部分是控制变量 I 和 J 的嵌套循环。Worksheets("C2017"). Cells(I + 6, J + 3) 是读取原投入产出表的部分。对应投入产出表的 (I, J)，合并后的行代码是 R(I)，列代码是 C(J)。合并表的数组 X 在等式的左右都有出现，这是因为显示合并的过程。表示以上代入在同一位置重复多次，是所有数据在合并过程中的加总过程。

4. 合并表的输出

最后，15 到 17 行的命令是将合并后的 26 部门投入产出表输出到命名为“C1726”的工作表上。16 行的命令中将合并后数值除以 100，是因为合并后数值太大时，可以改变数值的单位。此处是将原来的万元单位的数值减少两位，变为百万元。图 9－3 就是合并后的 26 部门中国投入产出表。

	A	B	C	D	AB	AC	AD	AE	AF	AG	AH	AI	AJ
1	2017年全国投入产出表(单位：百万元)												
2	(按当年生产者价格计算)		(Data are calculated at producers' prices in 2017)										
3			1	2	26	27	28	29	30	31	32	33	34
4			农林水产业	采矿业	公共管理	中间使用合计	消费支出合计	固定资本形成	存货变动	出口	最终使用合计	进口	总产出
5	1	农林水产业	1468379	2475	79471	8506687	2747859	199091	40991	119358	3107299	601582	11012403
6	2	采矿业	6187	694607	5704	7653916	13510	0	31567	48734	93812	2329098	5418630
7	3	食品加工	954298	17421	63551	6456067	6241750	0	150028	358592	6750370	585674	12620763
8	4	纺织业	2209	26051	160624	4622354	1431495	0	-14828	1843376	3260043	308009	7574389
9	5	木材家具和造纸业	4724	42999	118038	4274005	223432	246410	24763	571120	1065725	245422	5094308
10	6	石油化工业	949750	339656	111008	17989283	1157584	0	73931	1338601	2570116	1894144	18665254
24	20	房地产和商务服务	27028	130028	260781	9747185	4126937	1053673	0	282626	5463236	204623	15005798
25	21	研究开发	78430	51792	6114	3015629	838279	1395742	0	130671	2364692	275718	5104603
26	22	教育、卫生	2789	4956	69531	314065	7584268	0	0	8346	7592613	60987	7845691
27	23	文化	837	3868	59042	284958	543240	0	0	22056	565296	89564	760691
28	24	娱乐、体育	73	2344	6359	235436	471406	0	0	18944	490350	115451	610336
29	25	居民服务及其他服务	13819	29238	180401	1469206	1375361	0	0	43105	1418466	42797	2844875
30	26	公共管理	23504	6260	178525	500774	6027969	0	0	20604	6048574	84597	6464751
31	27	**中间投入合计**	4467168	2588727	2728804	143451782	44417700	35915113	530913	16384682	97248409	14926838	225773353
32	28	劳动者报酬	6527092	994978	2964776	42326803	0	0	0	0	0	0	0
33	29	生产税净额	-341062	899982	25294	9497860	0	0	0	0	0	0	0
34	30	固定资产折旧	228539	432549	617219	11032533	0	0	0	0	0	0	0
35	31	营业盈余	130665	502394	128658	19464375	0	0	0	0	0	0	0
36	32	**增加值合计**	6545235	2829903	3735946	82321571	0	0	0	0	0	0	0
37	33	**总投入**	11012403	5418630	6464751	225773353	0	0	0	0	0	0	0

图 9－3　合并后的 26 部门中国投入产出表

第二节

投入系数的计算

投入系数计算的程序比较简单，程序 2 的第 1 行是给程序命名，第 3 行的命令是读取数据的范围，读取 33 行和 27 列的数据，第 6 行和第 7 行是读取工作表“C17A”的数据，作为分子的数据从第 3 行和第 3 列开始读取，作为分母的数据是第 38 行，从第 3 列开始的数据。第 9 行的命令是计算后并将结果输出，输出的结果是从工作表“C17A”的第 41 行和第 3 列开始记录，具体参照程序 2。图 9－4 是投入系数的计算结果。

	A	B	C	D	E	W	X	Y	Z	AA	AB
1	2017年全国投入产出表										
2	(按当年生产者价格计算)		(Data are calculated at producers			prices in 2017)					
3	单位：百万元										
4			1	2	3	21	22	23	24	25	26
5			农林水产业	采矿业	食品加工	研究开发	教育、卫生和	文化娱乐、居	娱乐、体育	居民服务及其	公共管理
6	1	农林水产业	1468379	2475	4530481	29180	5654	1142	2188	18793	79471
7	2	采矿业	6187	694607	35476	4585	9118	256	149	3308	5704
8	3	食品加工	954298	17421	2695056	50450	148028	12233	63618	68910	63551
9	4	纤维制品业	2209	26051	44822	25483	100971	33571	6011	24285	160624
28	23	文化	837	3868	6019	11304	22316	40469	2858	2265	59042
29	24	娱乐、体育	73	2344	4149	3425	2087	1866	34062	6739	6359
30	25	居民服务及其他服务	12791	25355	26384	64321	79137	14122	6963	51904	177774
31	26	公共管理	23504	6260	7621	11680	15387	1781	2252	6045	178525
32	27	**中间投入合计**	4467168	2588727	9636806	3058582	3510636	385174	276206	1286956	2728804
33	28	劳动者报酬	6527092	994978	1037680	1262898	3346594	245543	201572	1109926	2964776
34	29	生产税净额	-341062	899982	827625	100076	10695	17726	4746	63106	25294
35	30	固定资产折旧	228539	432549	267891	437042	726248	76685	75751	142316	617219
36	31	营业盈余	130665	502394	850761	246004	251517	35562	52061	93607	128658
37	32	**增加值合计**	6545235	2829903	2983957	2046021	4335055	375516	334129	1408955	3735946
38	33	**总投入**	11012403	5418630	12620763	5104603	7845691	760691	610336	2695910	6464751
39			1	2	3	21	22	23	24	25	26
40			农林水产业	采矿业	食品加工	研究开发	教育、卫生和	文化娱乐、居	娱乐、体育	居民服务及其	公共管理
41	1	农林水产业	0.13	0.00	0.36	0.01	0.00	0.00	0.00	0.01	0.01
42	2	采矿业	0.00	0.13	0.00	0.00	0.00	0.00	0.00	0.00	0.00
43	3	食品加工	0.09	0.00	0.21	0.01	0.02	0.02	0.10	0.02	0.01
44	4	纤维制品业	0.00	0.00	0.00	0.00	0.01	0.04	0.01	0.01	0.02
45	5	造纸、木制品业	0.00	0.01	0.01	0.01	0.01	0.08	0.00	0.00	0.02
64	24	娱乐、体育	0.00	0.00	0.00	0.00	0.00	0.00	0.06	0.00	0.00
65	25	居民服务及其他服务	0.00	0.01	0.00	0.01	0.01	0.02	0.01	0.02	0.03
66	26	公共管理	0.00	0.00	0.00	0.00	0.00	0.00	0.00	0.00	0.03
67	27	**中间投入合计**	**0.41**	**0.48**	**0.76**	**0.60**	**0.45**	**0.51**	**0.45**	**0.49**	**0.42**
68	28	劳动者报酬	0.59	0.18	0.08	0.25	0.43	0.32	0.33	0.40	0.46
69	29	生产税净额	-0.03	0.17	0.07	0.02	0.00	0.02	0.01	0.02	0.00
70	30	固定资产折旧	0.02	0.08	0.02	0.09	0.09	0.10	0.12	0.05	0.10
71	31	营业盈余	0.01	0.09	0.07	0.05	0.03	0.05	0.09	0.03	0.02
72	32	**增加值合计**	0.59	0.52	0.24	0.40	0.55	0.49	0.55	0.51	0.58
73	33	**总投入**	1.00	1.00	1.00	1.00	1.00	1.00	1.00	1.00	1.00

图 9－4　投入系数计算

程序 2 投入系数的计算

```
Sub COEFC1726()

For I = 1 To 33:For J = 1 To 27

'数据读取
FENZI = Worksheets("C17A").Cells(5 + I,2 + J)
FENMU = Worksheets("C17A").Cells(38,2 + J)

'计算并输出
Worksheets("C17A").Cells(40 + I,2 + J) = FENZI / FENMU
Next J:Next I
End Sub
```

第三节

列昂惕夫逆矩阵的计算

列昂惕夫逆矩阵的计算如果利用 VBA 计算，尤其是需要计算大量数据的时候，就能体现出快速准确的优点。

程序 3 $(I - A)^{-1}$ 逆矩阵的计算

```
SubLEONTIEF()

DimX(33,34),A(26,52)
N = 26:N2 = N * 2

'投入产出表的读取
For I = 1 To 33:For J = 1 To 34
X(I,J) = Worksheets("C1726").Cells(I + 4,J + 2)
Next J:Next I

'投入系数的计算
```

```
For I = 1 To N:For J = 1 To N
    A(I,J) = X(I,J)/ X(33,J)
  Next J:Next I

'I - A 矩阵的计算
  For I = 1 To N:For J = 1 To N
  If I = J Then
  A(I,J) = 1 - A(I,J)
  Else
     A(I,J) = - A(I,J)
  End If
  Next J:Next I

  Call INV(A,N,N2)

'结果的输出(A 矩阵的右半部分)
  For I = 1 To N:For J = 1 To N
  Worksheets("C1726").Cells(I + 39,J + 2) = A(I,J + N)
  Next J:Next I

  End Sub

  Sub INV(A,N,N2)
  '数据的读取(A 矩阵的右侧的单位矩阵的设定)
  For I = 1 To N:For J = N + 1 To N2
  A(I,J) = 0
  If(I = J - N)ThenA(I,J) = 1
  Next J:Next I

  For K = 1 To N
  P =A(K,K):K1 = K + 1

  For J = K1 To N2
  A(K,J) = A(K,J)/ P
```

```
46 Next J
47
48 For I = 1 To N
49 If(I = K)Then GoTo 52  '52 的数值是部门数 26 的 2 倍
50 Q = A(I,K)
51 For J = K1 To N2
52 A(I,J) = A(I,J) - Q * A(K,J)
53 Next J
54 Next I
55 Next K
56 End Sub
```

图 9－3 是 2017 年中国 26 部门投入产出表，工作表名称是“C1726”，通过程序 3 可以得到 26 部门的列昂惕夫逆矩阵。

2～4 行的命令是前置设定。X 是投入产出表的数据，A 是投入系数的矩阵。读取投入产出表的全部数据需要确保有 33 行 33 列的位置，计算逆矩阵保证横向的长度是关键。N 是矩阵的大小，26 部门时，$N2$ 就是 2 倍的 52。

6～9 行的命令是数据的输入。从工作表“C1726”读取投入产出表的矩阵 X。

11～14 行的命令是计算投入系数。

16～23 行的命令是相当于 I－A 矩阵的计算部分。

```
If  条件 Then
  语句块 1
Else
  语句块 2
End If
```

意思是，如果判断条件成立，那么执行语句块 1，否则执行语句块 2。此程序中，计算 I－A 时，对角要素是 I－A，非对角要素是－A。

25 行是计算逆矩阵的部分。计算逆矩阵需要专门的子程序，跳到子程序的命令是 Call INV( )，子程序放在程序的最后部。Call INV( ) 和 Sub( ) 必须成对使用，括号内的变量按一定顺序相对应。27 行以后最后的部分，是逆矩阵的输出。34 行以后是逆矩阵的子程序。

程序 4 $[I-(I-\hat{M})A]^{-1}$ 逆矩阵的计算

```
Sub LEONTIEFOP()
DimX(33,34),A(26,52),m(26)
```

```
3     N = 26:N2 = N * 2
4
5  '投入产出表的读取
6     For i = 1 To 33:For j = 1 To 34
7     X(i,j) = Worksheets("C1726").Cells(i + 4,j + 2)
8     Next j:Next i
9
10  '投入系数的计算
11     For i = 1 To N
12     m(i) = X(i,33)/(X(i,27) + X(i,28) + X(i,29) + X(i,30))
13   For j = 1 To N                    '投入系数中进口部分的减除
14     A(i,j) = (1 - m(i)) * X(i,j)/ X(33,j)
15     Next j:Next i
16
17  '逆矩阵的计算
18   For i = 1 To N:For j = 1 To N
19   If i = j Then
20   A(i,j) = 1 - A(i,j)
21   Else
22   A(i,j) = -A(i,j)
23   End If
24   Next j:Next i
25
26   Call INV(A,N,N2)
27
28  '结果的输出
29   For i = 1 To N:For j = 1 To N
30     Worksheets("C1726").Cells(i + 69,j + 2) = A(i,j + N)
31   Next j:Next i
32
33   End Sub
```

程序 4 与程序 3 的不同之处在于 12～14 行的命令。12 行是将进口额除以国内总需求计算出进口系数，14 行的命令是将投入系数减去进口系数，剩下的就是国内产品的投入系数。

第四节

Skyline 图的绘制

利用 VBA 对 Skyline 图进行绘制更加便利而且准确。首先需要对 Skyline 的基础数据进行计算，然后依据基础数据绘制出 Skyline 图。

一、Skyline 图基础数据的计算

Skyline 图的目的是通过图形全面把握一国产业的生产、进口和出口之间的相互关系。Skyline 图的基本公式在第六章已经进行了阐述，主要是将均衡产出分成国内最终需求、进口和出口三个部分的诱发生产额，再绘制成图形。

根据列昂惕夫的 Skyline 公式 $X = BY + BE - BM = X^{d} + X^{E} - X^{M}$，计算出 Skyline 图的基础数据。

程序 5　Skyline 图基础数据的计算

```
Sub SKYdata()
DimX(26,34),A(26,52),B(26,26)
DimD(26),E(26),M(26),Y(26),ED(26),EE(26),EM(26)
N = 26:N2 = N * 2

'数据的读取
For I = 1 To N:For J = 1 To 34
X(I,J) = Worksheets("2017").Cells(4 + I,2 + J)
Next J:Next I
For I = 1 To 26
D(I) = X(I,27) + X(I,28) +X(I,29) + X(I,30)     '国内最终需求
E(I) = X(I,31)                                  '出口
M(I) = X(I,33)                                  '进口
Y(I) = X(I,34)                                  '总产出
Next I

```

```
'进口外生的列昂惕夫逆矩阵
For I = 1 To N:For J = 1 To N
A(I,J) = X(I,J)/ Y(J)
Next J:Next I

For I = 1 To N:For J = 1 To N
If(I = J)ThenA(I,J) = 1# - A(I,J)
If(I < > J)ThenA(I,J) = 0# - A(I,J)
Next J:Next I

Call INV(A,N,N2)
For I = 1 To N:For J = 1 To N
B(I,J) = A(I,J + 26)
Next J:Next I

'各要素的计算
For I = 1 To N:For J = 1 To N
ED(I) = ED(I) + B(I,J) * D(J)                    '国内最终需求
Next J:Next I
For I = 1 To N:For J = 1 To N
EE(I) = EE(I) + B(I,J) * E(J)                    '出口
 Next J:Next I
 For I = 1 To N:For J = 1 To N
 EM(I) = EM(I) + B(I,J) * M(J)                   '进口
 Next J:Next I

'结果的输出
For I = 1 To N
Worksheets("data").Cells(2 + I,2) = Y(I)
Worksheets("data").Cells(2 + I,3) = ED(I)
Worksheets("data").Cells(2 + I,4) = EE(I)
Worksheets("data").Cells(2 + I,5) = EM(I)
Next I
For I = 1 To N
```

```
51    Worksheets("data").Cells(2 + I,7) = Y(I)/ ED(I) * 100
52    Worksheets("data").Cells(2 + I,8) = 100
53    Worksheets("data").Cells(2 + I,9) = EE(I)/ ED(I) * 100
54    Worksheets("data").Cells(2 + I,10) = EM(I)/ ED(I) * 100
55
56    '各需求总额的计算
57     For I = 1 To N:TY = TY + Y(I):Next I
58     For I = 1 To N:TD = TD + D(I):Next I
59     For I = 1 To N:TE = TE + E(I):Next I
60     For I = 1 To N:TM = TM + M(I):Next I
61
62    '结果的输出
63    For I = 1 To N
64     Worksheets("data").Cells(2 + I,12) = Y(I)/ TY
65     Worksheets("data").Cells(2 + I,13) = D(I)/ TD
66     Worksheets("data").Cells(2 + I,14) = E(I)/ TE
67     Worksheets("data").Cells(2 + I,15) = M(I)/ TM
68    Next I
69    End Sub
```

（计算列昂惕夫逆矩阵的子程序 Sub INV(A,N,N2) 与上文相同，在此省略）

第 2 ~4 行的命令是变量的设定。A 是投入系数的矩阵，计算逆矩阵关键是需要保证横向的长度。

第 7 ~15 行的命令是 2017 年 26 部门投入产出表的数据读取。国内最早需求由于是消费、资本形成和存货变动的加总，因此将 28、29、30 列的数据进行加总（见图 9 -2）进行读取。出口的数据读取 31 列，进口数据读取 33 列，总产出的数据读取 34 列。

第 18 ~30 行的命令与上文的进口外生型的列昂惕夫逆矩阵的计算基本一致（具体参照上文关于列昂惕夫逆矩阵相关程序解释）。

第 33 ~41 行的命令是对自给率、出口率和进口率的计算。具体方法就是分别将计算得到的列昂惕夫逆矩阵与国内最终需求、出口和进口向量相乘。

第 44 ~49 行的命令是将上文计算的国内最终需求、出口、进口以及投入产出表的国内生产的数据输出到命名为“data”新的页面的指定位置。

第 50 ~55 行的命令是将国内最终需求的占比设定为 100，同时计算出口和进口的占比，同时将结果输出到指定的页面和位置。这个结果就是用于绘制 Skyline 图的基础数据。

第 56 ~ 67 行的命令是各类需求占比的计算。Skyline 图仅需要各产业的构成比（见图 9－5），其他占比的计算仅供参考。

	A	B	C	D	E	F	G	H	I	J	K	L	M	N	O
1	1	2	3	4	5	6	7	8	9	10	11	12	13	14	15
2		总产出	国内最终需求	出口	进口			X^d	X^E	X^M		产业占比			
3	1	11012403	33080066	1533667	1898320		33.29	100	4.64	5.74		0.049	0.051	0.007	0.040
4	2	5418630	36575504	2256317	4699867		14.81	100	6.17	12.85		0.024	0.034	0.003	0.156
5	3	12620763	29911195	1326365	1699020		42.19	100	4.43	5.68		0.056	0.057	0.022	0.039
6	4	7574389	15620912	3696714	913670		48.49	100	23.67	5.85		0.034	0.027	0.113	0.021
7	5	5094308	16316651	1510146	919997		31.22	100	9.26	5.64		0.023	0.021	0.035	0.016
8	6	18665254	72967507	5934622	6101919		25.58	100	8.13	8.36		0.083	0.086	0.082	0.127
9	7	6494575	17158499	879799	567052		37.85	100	5.13	3.30		0.029	0.028	0.018	0.007
10	8	14748123	52309196	5031926	4252592		28.19	100	9.62	8.13		0.065	0.065	0.062	0.059
11	9	8850944	24222995	3178448	2937890		36.54	100	13.12	12.13		0.039	0.039	0.090	0.089
12	10	8666802	19548144	1389808	1576679		44.34	100	7.11	8.07		0.038	0.039	0.036	0.051
13	11	15580498	44380607	10416941	7394886		35.11	100	23.47	16.66		0.069	0.062	0.306	0.226
14	12	2443607	6874045	1075429	552949		35.55	100	15.64	8.04		0.011	0.009	0.039	0.014
15	13	6349864	25811400	1438499	1379531		24.60	100	5.57	5.34		0.028	0.028	0.001	0.000
16	14	22878593	24527572	135682	106373		93.28	100	0.55	0.43		0.101	0.102	0.005	0.004
17	15	11589358	30002244	3204564	1527036		38.63	100	10.68	5.09		0.051	0.046	0.083	0.000
18	16	10255333	31523631	2582345	2081331		32.53	100	8.19	6.60		0.045	0.045	0.049	0.042
19	17	3806314	10620669	454726	791338		35.84	100	4.28	7.45		0.017	0.019	0.003	0.028
20	18	5652799	12530681	694301	583642		45.11	100	5.54	4.66		0.025	0.025	0.013	0.012
21	19	9434053	31072827	1579762	1472574		30.36	100	5.08	4.74		0.042	0.043	0.004	0.009
22	20	15005798	42288330	2237410	1782813		35.48	100	5.29	4.22		0.066	0.067	0.017	0.014
23	21	5104603	11162684	452917	592225		45.73	100	4.06	5.31		0.023	0.023	0.008	0.018
24	22	7845691	8603880	50235	99559		91.19	100	0.58	1.16		0.035	0.035	0.001	0.004
25	23	760691	1508412	69926	135783		50.43	100	4.64	9.00		0.003	0.004	0.001	0.006
26	24	610336	1405957	57802	157029		43.41	100	4.11	11.17		0.003	0.003	0.001	0.008
27	25	2844875	6470701	299849	273628		43.97	100	4.63	4.23		0.013	0.013	0.003	0.003
28	26	6464751	7718634	90679	148188		83.76	100	1.17	1.92		0.029	0.029	0.001	0.006
29															
30															

C1726　data　SKY

图 9－5　Skyline 基础数据

二、Skyline 图的绘制

完成 Skyline 基础数据的计算后，利用基础数据可以利用 VBA 程序绘制 Skyline 图。下面介绍用 VBA 绘制的 Skyline 图。

程序 6　Skyline 图的绘制

```
Sub SKY()
'变量的设定
Dim S(26),D(26),E(26),M(26)
N = 26

'设定行距并消除线条
Sheets("SKY").Select                    '选择页面
```

```
ActiveWindow. DisplayGridlines = False            '消去框线
Cells. Select
Selection. Delete Shift: = xlUp                   '删除内容
Rows( "1:200" ). Select
Selection. RowHeight = 15                         '先将 1 ~ 200 行的行高设置为 15

Rows( "3:152" ). Select                           '3 ~ 120 行的行高设置为 2
Selection. RowHeight = 2

For J = 1 To N:For K = 0 To 3                     '逢 50% 划虚线,共 3 条
Cells(2 + K * 50,J + 1). Select
With Selection. Borders( xlEdgeBottom)
.LineStyle = xlDot
.Weight = xlThin
End With
Next K:Next J

'列幅的设定
For I = 1 To N
S(I) = Worksheets( "data" ). Cells(I + 2,12)
Columns(I + 1). Select
Selection. ColumnWidth = S(I) * 50#
Next I

'线条的设定
For J = 1 To N
E(J) = Worksheets( "data" ). Cells(J + 2,9)
E(J) = 52 - Round( E(J) ,0)                               '出口顶端线的设定
Cells( E(J) ,J + 1). Select
With Selection. Borders( xlEdgeTop)
.LineStyle = xlContinuous
.Weight = xlThin
End With
```

```
42 M(J) = Worksheets("data").Cells(J + 2,10)
43 M(J) = E(J) + Round(M(J),0)              '顶端线减去进口部分后划线
44 Cells(M(J),J + 1).Select
45 With Selection.Borders(xlEdgeBottom)
46 .LineStyle = xlContinuous
47 .Weight = xlThin
48 End With
49 '竖线的设定
50 For I = E(J) To 152
51 Cells(I,J + 1).Select
52 With Selection.Borders(xlEdgeLeft)
53 .LineStyle = xlContinuous
54 .Weight = xlThin
55 End With
56 With Selection.Borders(xlEdgeRight)
57 .LineStyle = xlContinuous
58 .Weight = xlThin
59 End With
60 Next I
61
62 '进口部分加网格
63 For I = E(J) To M(J)
64 Cells(I,J + 1).Select
65 With Selection.Interior
66 .ColorIndex = 0
67 .Pattern = xlUp
68 .PatternColorIndex = xlAutomatic
69 End With
70 Next I
71
72 Next J
73 End Sub
```

第 14 ~ 15 行的命令是将行距从 15 缩小到 2，使 Skyline 的柱状不会太长。

第 17 ~23 行的命令是在图中每 50% 的位置将行距从 15 缩小到 2，使 Skyline 的柱状不会过长，影响观感。

第 26 ~30 行的命令是设定每个产业规模，利用列宽表示。26 行是读取数据，29 行的数字可以根据情况进行调节，数字越大，柱体宽度越宽。

第 35 行的命令是读取出口数据，设定顶端的横线位置。由于出口是 100% 线之上的部分，因此在“100 + 出口率”之处画横线。由于 152 行的位置为 0，那么 52 行的位置为 100，100 之上的部分就是出口率。52 减去出口率就是顶线的位置。

第 42 行的命令是读取进口数据。

第 43 行的命令是从顶端减去进口率后划线。

第 50 行的命令“For I = E（J）To 152”是 152 行与第 14 行设置的数字保持一致。

利用程序 6 就可以绘制出 26 部门的 Skyline 图（见图 9 –6）。

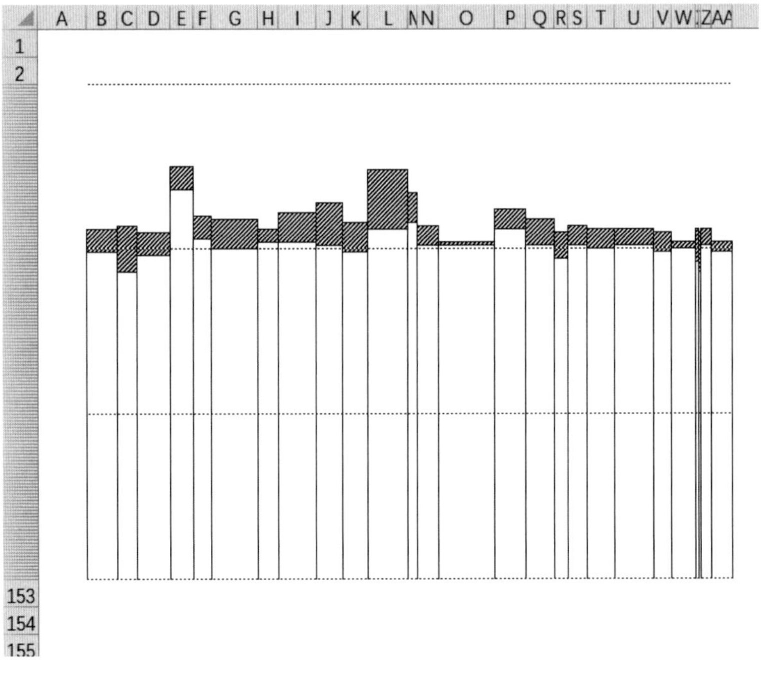

图 9 –6　26 部门 Skyline 图例

参考文献

［1］ Leontief, W. , Quantitative Input – Output Relations in the Economic System of the United States, *Review of Economic and Statistics*, 1936, 18 (3).

［2］ Leontief, W. , *The Structure of American Economy* 1919 – 1939, Oxford Univ. Press, New York. 1941/1951.

［3］ Leontief, W. 1966. Input – Output Economics ［J］. Oxford Univ. Press.

［4］ Leontief, W. 1963. When should History be written backwards? ［J］. Economic History Review, Economic History Society, 16 (1): 1 ~ 8, 08.

［5］ 戴艳娟，李洁．投入产出框架下名义 GDP 和实际 GDP 的测算——以中日韩比较为例［M］．北京：经济管理出版社，2022.

［6］ 国家信息中心编．中国区域投入产出表［M］．北京：社会科学文献出版社．

［7］ 宫川幸三．日本・中国の産業構造および貿易構造の現状（日本、中国的产业结构及贸易结构的现状）［J］．经济学季報，2003（1・2）：233 ~ 270.

［8］ 宫川幸三．スカイラインチャートによる産業構造分析の新たな視点（基于 skyline 图的产业结构分析的新视点）［J］．産業連関，2005（2）：54 ~ 66.

［9］ 宫沢健一．産業の経済学（第 2 版）［M］．東京：東洋経済新報社．1987.

［10］ 宫沢健一编．産業連関分析入門（第 2 版）［M］．東京：日本経済新闻社，1995.

［11］ 横倉弘行．Excelで学ぶ産業連関分析［M］．東京：エコノミスト社，2000.

［12］ 井出眞弘．Excelによる産業連関分析入門［M］．東京：産能大学出版部刊，2003.

［13］ 李潔．入門 GDP 統計と経済波及効果分析（第 3 版）［M］．東京：大学教育出版，2023.

［14］ 浅利一郎，土居英二．地域間産業連関分析の理論と実際［M］．東京：日本評論社 2016.

［15］ 桑森啓．ASEAN 諸国の域内経済協力と経済統合—産業スカイラインによる分

析—（ASEAN 各国区域内的经济协助及经济统合—基于产业 skyline 分析），産業連関，1999（2）：45～51.

［16］藤川清史．産業連関分析入門 ExcelとVBAでらくらくIO 分析［M］．東京：日本評論社，2005.

［17］土居英二，浅利一郎，中野親德．はじめよう地域産業連関分析（改訂版）［事例分析編］［M］．東京：日本評論社，2020.

［18］土居英二，浅利一郎，中野親德．はじめよう地域産業連関分析（改訂版）［基礎編］［M］．東京：日本評論社，2019.

［19］新飯田宏．産業連関分析入門［M］．東京：东洋経済新报社，1978.